授权型领导对员工主动工作行为影响及其作用机制

马茹菲　著

武汉商学院（现代马产业发展研究中心）

2020年度湖北省教育厅科学研究计划项目"新时代高校大型体育场馆治理现代化体系构建与策略研究"（编号：B2020231）

九州出版社

JIUZHOUPRESS

图书在版编目（CIP）数据

授权型领导对员工主动工作行为影响及其作用机制 /
马茹菲著. -- 北京 ：九州出版社，2024. 10. -- ISBN
978-7-5225-3149-6

Ⅰ．F272

中国国家版本馆 CIP 数据核字第 20248V3D66 号

授权型领导对员工主动工作行为影响及其作用机制

作　　者	马茹菲 著
责任编辑	陈春玲
出版发行	九州出版社
地　　址	北京市西城区阜外大街甲 35 号 （100037）
发行电话	（010）68992190/3/5/6
网　　址	www. jiuzhoupress. com
印　　刷	武汉市籍缘印刷厂
开　　本	787 毫米 ×1092 毫米　16 开
印　　张	13.5
字　　数	223 千字
版　　次	2024 年 10 月第 1 版
印　　次	2024 年 10 月第 1 次印刷
书　　号	ISBN 978-7-5225-3149-6
定　　价	78.00 元

前　言

随着新经济时代的到来，经济全球化、信息化和知识化成为当今社会的主旋律，经济转型期带来的巨大变革、日趋激烈的竞争压力和不断加快的更新速度向当代组织发出了前所未有的挑战。越来越多的组织管理者开始意识到，仅仅把员工当作需要由领导带动工作的齿轮，认为员工的工作任务就是完成既定任务说明和上级指示的传统管理模式，已然不足以满足当代组织的发展诉求。现代组织的生存与持续发展需要全体员工的通力合作，需要每一个员工都能主动思考、力争成为公司发展进步的"发动机"。只有当组织中的大小发动机不断涌现，并且同时开足马力，组织才能获得源源不断的活力，从而保持长期的高效运转。

为了实现这一目标，组织需要转变观念，从更加积极的角度定义员工的工作角色，有意识地提倡和鼓励员工在工作中表现出更多有益团队和组织的主动工作行为。然而，究竟什么样的管理行为与实践可以切实促进员工的主动工作行为？如何才能有效增强员工开展主动工作行为的内源性动机？什么样的员工会更乐于投入主动工作行为之中？回顾前人研究成果发现，学界对上述问题的认识仍不够充分，对主动工作行为深层机制的理解也较为不足。鉴于此，众多学者发出呼吁，希望研究者关注和重视更具系统性、综合性的主动行为研究。

基于对上述呼吁的响应，本研究将视线聚焦于主动工作行为领域，选择多种典型主动工作行为开展比较研究，并尝试从领导行为视角着手，深入讨论促进员工主动工作行为的有效领导行为风格及其作用机制。同时，考虑到现有研究成果主要集中在西方组织情境，而文化因素可能对员工的主动行为选择产生显著影响，本研究在基于中国组织情境的质性研究基础上构建理论模型，进行实证分析，以期获得更加符合中国组织实际的研究结论，为中国组织管理者设计更为有效的主动工作行为激励机制提供依据。

研究立足中国组织情境，整合组织微观和中观研究视角，通过构建授权型领导对员工主动工作行为的跨层次影响模型，从员工和团队两个研究层次入手，构建基于中国组织情境的授权型领导对员工主动工作行为跨层次影响模型，深入分析员工导向授权型领导与团队导向授权型领导对员工促进性建言行为、抑制性建言行为、个人创新行为和问题预防行为四种典型主动工作行为的跨层次影响，以及心理授权、下属对领导信任、团队授权和特质性调节焦点在其中的中介与调节作用，验证了在中国组织情境下，员工导向和团队导向授权型领导均能够有效激发员工的促进性建言行为、抑制性建言行为、个人创新行为和问题预防行为，验证了"授权型领导行为——员工心理授权——员工行为"的工作授权作用机制，彰显了员工个人心理授权体验在领导授权过程中的关键作用，是对授权型领导研究领域的拓展和丰富，有助于揭开授权型领导跨层次作用路径的"黑箱"。

　　研究从实证角度提出了区分促进性建言行为和抑制性建言行为的新依据，揭示了特质性调节焦点对主动工作行为的不同影响，为主动工作行为的个人影响因素研究提供了新视角，增进了学界对主动工作行为的系统性理解。在探索性研究的基础上，提出特质性调节焦点可能对员工主动工作行为存在显著影响，并进行实证分析加以检验。通过比较两种调节焦点对四种主动工作行为的影响作用，揭示了两种调节焦点对主动工作行为的不同影响规律，通过比较多种主动工作行为在产生机制上的异同，拓展和深化了学界对主动工作行为的机理认识，为探索和识别主动工作行为的共性与差异提供了一些有建设性的结论和研究方向。

目　录

导　论

第一节　研究背景与意义

一、研究背景

进入 21 世纪以来，随着经济全球化与信息化趋势进一步加深，知识流动与更新速度不断加快，组织管理逐渐向扁平化、分散化方向发展。与过去相比，现代组织面临着前所未有的巨大竞争压力和挑战，特别是我国正处于经济转型调整的关键时期，在国内外多种变革力量的冲击下，如何快速适应复杂多变的外部环境，实现可持续性发展，是我国组织迫切需要解决的问题。

在这样的时代背景下，越来越多的管理学者和管理实践者开始意识到，要求员工按照既定任务说明和上级指示来完成工作的传统管理方式，已然不能满足现代组织的生存与发展需要。众多专家指出，传统人力资源管理模式是符合传统生产型组织需要的，但在进入新经济时代之后，组织管理诉求发生了改变；为了应对激烈的竞争压力和瞬息万变的外部环境，现代组织对员工提出了新的要求，需要员工更加积极主动地投入工作。[①] 这一观点获得了许多管理实践者的支持，鼓励每一个员工主动思考、力争成为驱动公司发展进步的发动机，而不是仅仅做一枚由领导带动工作的齿轮。

故此，如何调动员工的主动工作积极性，激发员工主动工作行为，近年来日益成为学术界与实业界共同关注的焦点。然而，尽管员工主动行为的重要作用已经获得了广泛认可和重视，特别是以改进工作环境、使组织获益为目标的主动工作行为受到了各类组织的大力提倡和鼓励，但在许多组织中，员工的工作主动性仍然普遍不强。究竟什么样的管理行为与实践可以切实促进员工的主动工作行为？如何才能有效增强

---

① Frese, M.. The word is out: We need an active performance concept for modern workplaces[J]. *Industrial and Organizational Psychology: Perspectives on Science and Practice*, Vol.1,No.1(2008),pp. 67－69.

员工开展主动工作行为的内源性动机？什么样的员工会更乐于投入到主动工作行为之中？回顾前人研究成果发现，学界对上述问题的理解仍不够充分，对主动工作行为整体上的认识也还不够系统。现有研究更多是孤立地考察各种主动行为的前因与后果，对主动行为的整体共性和更为普遍的作用机理依然知之甚少[①]。鉴于此，Grant和Ashford等人发出呼吁，希望研究者关注和重视更具系统性、综合性的主动行为研究[②]。

基于对上述呼吁的响应，本研究将视线聚焦于主动工作行为领域，选择多种典型主动工作行为开展比较研究，并尝试从领导行为视角着手，深入讨论促进员工主动工作行为的有效领导行为风格及其作用机制。同时，考虑到现有研究成果主要集中在西方组织情境下，而文化因素可能对员工的主动行为选择产生显著影响，本研究拟在基于中国组织情境的质性研究基础上构建理论模型，进行实证分析，以期获得更加符合中国组织实际的研究结论，为中国组织管理者设计更为有效的主动工作行为激励机制提供依据。

二、选题意义

（一）理论意义

首先，以中国组织员工为对象进行探索性研究，并在探索性研究的基础上提出了符合中国组织情境的授权型领导对员工主动工作行为跨层次影响模型，这是对领导学研究领域的拓展和丰富。一方面验证了授权型领导风格在中国文化背景下的有效性；另一方面通过整合分析员工和团队层次授权型领导的跨层次影响机制，为揭示领导行为影响员工行为的深层作用机理作出了一定贡献，有助于完善和发展授权型领导理论的研究内容。

其次，通过综合分析多种主动工作行为，比较多种主动工作行为在产生机制上的

---

① 张桂平，廖建桥.国外员工主动行为研究新进展探析[J].外国经济与管理，2011，33(03)：58－65.

② Grant, A. M., & Ashford, S. J. . The dynamics of proactivity at work[J]. *Research in Organizational Behavior*, Vol. 28, No.28(2008), pp. 3－34.

异同，扩展了学界对主动工作行为普遍规律和个体差异的认识，为构建更加系统性的主动工作行为理论体系提供了重要依据，也揭示了激励员工主动工作行为的有效途径和方法，是对主动行为研究的有益补充。

最后，引入调节焦点变量为主动行为影响因素研究提供了新的思路，揭示了个人调节焦点倾向与其主动工作行为间的显著关联，这不仅丰富了主动行为研究的内容和视角，也是对调节焦点理论应用领域的拓展。

（二）实践意义

首先，本书通过探索性研究和实证分析，试图揭示领导行为影响员工主动工作行为的作用机理，以期从组织管理者的角度，寻求促进员工主动工作行为的有效措施和途径，建立符合中国组织实际的相应激励机制。通过构建授权型领导影响员工主动工作行为的跨层次模型，探索授权型领导影响员工主动工作行为过程中的关键要素，为构建全面、有效的激励机制提出一些切实可行的建议。

其次，通过验证授权型领导对主动工作行为的关键作用，为中国组织管理者转变领导理念，实现上下级间的权力和责任分享、培养员工自主工作能力的领导方式提供理论支撑。特别是参与调研的企业，会以本研究结论为依据，提出相应管理建议，促使他们对过去和当前的组织管理制度与方式进行反思，设计和制定更加合理的人力资源管理政策。

最后，本研究还揭示了特质性调节焦点对主动工作行为的不同影响，了解这些差异可以帮助组织各级领导采取更具针对性的管理手段，根据实际需要，有的放矢地引导和促进员工实施领导希望看到的主动行为。

第二节　文献综述

一、员工主动行为和主动工作行为

根据《现代汉语词典》（第六版）的释义，"主动"是指"不待外力推动而行动；能够造成有利局面，使事情按照自己的意图进行"。牛津英语大词典 2008 版将主动（proactive）定义为"通过自发地预测事件或问题，创造或掌控局面，而不是事后再采取反应"。韦氏英语词典则将其界定为"通过预见未来可能出现的问题、需求及变化，采取提前行动"。

上述定义在描述上虽有不同，但都体现了主动行为的三个核心要素，即自发性、未来导向性和变革驱动性。首先，自发性是主动行为的基础和前提，是主动行为有别于被动行为的关键所在。具体到组织情境，员工之所以采取主动行为，是为了追求自己设定的目标和理想，而不是执行由上级或工作角色分配的工作目标。因此，员工的主动工作行为具有自发性[①]。其次，未来导向性表明主动行为是具有前瞻性的。不同于被动行为等待事件发生后再做出相应反应，采取主动的个人会思考和展望未来可能出现的问题与变化，并根据自己的预见采取提前行动，以期在未来获得自己希望的结果[②]。最后，主动行为是变革驱动的，其目的是通过掌控和产生影响，使事情按照自己的意图发生或改变，从而对本人、他人及所处环境带来有意义的变化。在组织中，员工采取主动行为的目的是带来工作上的改变和改善。这种改变既可以是工作环境的改变，如引进新的工作方法、改变组织的战略目标，也可以是员工自身的改变，例如主动设定更具挑战性的工作目标、掌握新的技能以便更好地适

[①] Frese, M., Fay, D.. Personal initiative: An active performance concept for work in the 21st century[J].*Research in organizational behavior*, Vol.23(2001),pp.133－187.

[②] Parker, S. K., Williams, H. M., Turner N.. Modeling the antecedents of proactive behavior at work[J].*Journal of applied psychology*, Vol.91,No.3(2006),p. 636.

应未来的工作需要等[①]。

在这三大核心要素的基础上，国内外学者立足于组织情境，对组织中的员工主动行为概念进行了一系列讨论。本书对相关文献中的主动行为定义进行了整理归纳，如表 0-1 所示。

表0-1　员工主动行为的定义

作　者	定　义
Crant (2000)	主动行为是指主动改进现有环境或创造新环境的行为，这种行为不是被动地适应当前的环境，而是主动地挑战现状
Frese和Fay (2001)	个人主动行为是一种自发、主动、为了实现目标不断克服困难的工作行为
Parker等 (2006)	主动行为是在未来改变与改善所处情境或自身的一种自发的、预见性的行为
Griffin等 (2007)	主动行为是指个人自发地采取行动，以改善工作系统或自身工作角色
Grant和Ashford (2008)	员工为了影响自己与/或周边环境所采取的预见性行动
Bindl和Parker (2011)	是个人在组织中自主进行的、关注未来的行动，旨在改变所处情境和/或本人
韦慧民和潘清泉 (2012)	主动行为就是努力改善环境或者个人自身，以达到一个更好的未来，包括为组织和个人带来积极的结果
苏磊 (2015)	在工作过程中，员工自发地、有目的性地试图改变自身境遇或扭转局面，并能为组织带来有益影响，能实现个体与组织双赢的行为集合

资料来源：本研究整理。

上述定义从整体上对员工主动行为进行了概括，但考虑到主动行为具有丰富多样的形式，且不同形式的主动行为间可能存在较大差异，近年来，一些研究者建议对主动行为概念进行进一步的细分（如 Grant 和 Ashford，2008）。其中，最具影响力的分类

---

① Bindl, U., Parker, S. K.. *Proactive work behavior: Forward-thinking and change-oriented action in organizations*[M]// In S.Zedeck(ed). *APA handbook of industrial and organizational psychology*. Washington ,D.C.: American Psychological Association, 2011.

方式是 Parker 和 Collins（2010）提出的高阶因素模型（见表 0-2）。该模型以员工主动行为的影响目标为依据，将主动行为概念进一步分为三个高阶概念大类：第一个大类被称为主动工作行为，是以改进组织内部环境为目标的主动行为，强调通过改进工作方法和积极影响同事，实现组织内部工作环境与条件的改善。典型的主动工作行为包括掌控行为、建言行为、个人创新行为和问题预防行为等。第二大类被称为主动战略行为，是以提高组织对外部环境适应性为目标的主动行为，强调通过掌控和改变组织战略，使组织更好地适应外部环境中的激烈竞争。典型的主动战略行为包括战略扫描行为、议题推销可信性和议题推销意愿。第三大类被称为主动个体—环境契合行为，是以提高员工个人对组织环境的适应性为目标的主动行为，强调通过主动改变自己或环境，使得自身能力更加符合组织的需要，或是令组织和工作更加符合自己的价值需要。典型的主动战略行为包括反馈询问、反馈观察、工作调换协商和职业生涯主动性等。

Parker 和 Collins（2010）提出的概念模型首次明确了主动工作行为的内涵，并从理论上阐明了主动工作行为与其他主动行为类型的概念边界。实证研究显示这一划分方法具有很好的区分效度，因此在之后的主动行为研究中应用广泛。

表0-2　员工主动行为的高阶分类

高阶分类	具体行为	原作者定义	典型特征
主动工作行为：掌控、改变组织的内部环境。	掌控	为了改变工作的执行方式而自愿进行的、具有建设性的努力；是一种以变化为导向，旨在提高组织效能的行为（Morrison和Phelps，1999）	尝试改善工作程序
	建言	以变化为导向，提出富有建设性的建议来改善目前状况，即使他人可能不同意自己的观点；是对组织有积极作用的建设性谏言（Van Dyne和LePine，1998）	就自己对工作问题的观点与组织中的其他人交流，即使这些观点可能不同于他人，或其他人并不同意
	个体创新	产生新想法并积极实施的行为；包括发现机遇、产生新想法和实施新想法三个方面（Scott和Bruce，1994）	搜寻新技术、新工艺和/或新产品
	问题预防	为阻止工作问题的反复发生而做出自我导向的提前行动（Frese和Fay，2001）	试图找出问题产生的根源

高阶分类	具体行为	原作者定义	典型特征
主动战略行为：掌控、改变组织的战略，提高组织对外部环境的适应性	战略扫描行为	通过主动调查组织环境，找出提高组织与其外部环境适应度的方法，例如明确组织在应对新兴市场时可以采取的方法；或主动搜寻外部环境，寻找组织在未来的威胁和机遇	主动调查组织环境，了解当前情况对组织未来的可能影响
	议题推销可信性	通过让他人意识到某些特定的问题来影响组织战略的制定（Dutton和Ashford，1993），使组织注意到那些对其绩效存在影响的关键趋势、发展和事件（Morrison和Phelps，1999）	经常积极地提出的议题
	议题推销意愿	花费时间、精力和努力以确保组织的关键决策层能够获悉所提出的议题，从而影响组织战略的制定（Ashford等，1998）	愿意花费在推销议题上的时间量
主动个体—环境匹配行为（person-environment fit）改变自己或环境以达到个体特质与组织环境的更高匹配度	反馈询问	通过直接询问的方式获得他人反馈的一种主动反馈寻求行为；员工通过自愿的提前行动，获得有关自身行为的相关信息（Ashford等，2003）	向主管询问有关自身工作绩效的信息
	反馈观察	通过主动观察所处情境或者他人的行为来获得信息反馈的一种主动反馈寻求行为（Ashford等，2003）	观察领导喜欢哪些工作行为，并将其作为反馈信息，用于指导自己的工作
	工作调换协商	为调换工作所做出的明确努力，旨在使自己的技能和能力与所做工作更加匹配（Ashford和Black，1996）；是员工主动调节以便适应新工作条件的一种主动社会化方式	与其他人协商自己的工作任务内容和角色期待
	职业生涯主动性	个人自发地开展努力，以促进自己的职业发展，而非被动地应付给定的工作情况（Seibert等，2001）	主动进行职业生涯规划

资料来源：Parker, S.K., Collins, C.G.. Taking stock：Integrating and differentiating multiple proactive behaviors[J]. *Journal of Management*, Vol.36, No.3 (2010), pp. 633－662.

二、员工主动行为的影响因素

（一）个人因素

在个人因素方面，现有研究显示，人格特质、认知动机和情感体验都会对员工的主动行为产生影响。

首先，在人格特质上，主动性人格是最常被讨论的主动行为影响因素。大量实证研究显示，主动性人格对多种主动行为均存在显著促进作用（卿涛、刘崇瑞，2014；逢键涛、温珂，2016；Bakker 等，2012）[1][2][3]。Parker 和 Collins（2010）的主动行为整合研究进一步证实了主动性人格是主动工作行为的重要预测变量，并且与部分主动战略行为正向相关[4]。针对大五人格与个人主动行为的关系研究则发现，大五人格中的尽责性有助于激发员工的主动工作动机，进而促进多种主动行为（Kanfer 等，2001）[5]，但是 Parker 和 Collins（2010）的研究发现，尽责性对主动行为的促进作用并不具有普适性，尽责性对个人—环境匹配型主动行为的影响最为显著，但与主动工作行为之间缺少显著关联。

在认知动机上，研究者普遍认为主动行为的产生取决于两类认知动机过程：一是个人对自身主动行为能力的认知；二是个人采取主动行为的意愿[6]。自我效能感因为

---

[1] 卿涛，刘崇瑞.主动性人格与员工建言行为：领导—成员交换与中庸思维的作用[J].四川大学学报(哲学社会科学版)，2014(01)：127-134.

[2] 逢键涛，温珂.主动性人格、工作满意度与员工创新行为——对中国医药生物技术企业的实证分析[J].科学学研究，2016，34(01)：151-160.

[3] Bakker, A. B., Tims, M., Derks, D.. Proactive personality and job performance：The role of job crafting and work engagement[J]. *Human relations*, Vol.65, No.10(2012), pp. 1359-1378.

[4] Parker, S. K., Collins, C. G.. Taking stock：Integrating and differentiating multiple proactive behaviors[J]. *Journal of Management*, Vol.36, No.3 (2010), pp. 633-662.

[5] Kanfer, R., Wanberg, C. R., Kantrowitz, T. M.. Job search and employment：A personality-motivational analysis and meta-analytic review[J]. *Journal of Applied Psychology*, Vol.86,No.5(2001),pp. 837-855.

[6] Parker, S. K., Williams, H. M., Turner N.. Modeling the antecedents of proactive behavior at work[J].*Journal of applied psychology*, Vol.91,No.3(2006),pp. 636.

反映了个体对自身胜任能力的主观判断，成为不少研究者的关注焦点。已有实证研究显示，自我效能感对掌控行为、建言行为、创新行为等多种主动行为都有很好的预测效果[①②]。角色宽度自我效能感也被发现是多种主动行为的前因变量[③]，并且其作用并不局限于个人层面，对团队和组织层面上的主动行为同样存在显著影响[④]。Paker 及其同事（2006）的整合分析则发现，角色宽度自我效能感、灵活角色定位、控制评估和变化取向是影响主动行为的四种主要认知动机，其中自我效能感、控制评估和变化取向反映个人对主动行为结果的认知，灵活角色定位反映个人对工作目标、责任和预期的认知。

在情感体验上，积极情感被认为与个人主动行为尤为相关。根据 Fredrickson（2001）的"拓宽——建立"理论，积极情感一方面拓宽了个人的关注、认知与行动范围，使其思想在短期内变得更加活跃和开阔，另一方面可以帮助个人构建更具持久性的个人资源库，提高个人的物质、智力和社会资源储备[⑤]。研究显示，员工和领导的积极情感

① 田在兰，黄培伦.基于自我认知理论的家长式领导对建言的影响[J].科研管理，2014，35(10)：150－160.

② 曹威麟，谭敏，梁樑.自我领导与个体创新行为——一般自我效能感的中介作用[J].科学学研究，2012，30(07)：1110－1118.

③ 黄勇，彭纪生.组织内信任对员工负责行为的影响——角色宽度自我效能感的中介作用[J].软科学，2015，29(01)：74－77.

④ Griffin, M. A., Neal, A., Parker, S. K.. A new model of work role performance: Positive behavior in uncertain and interdependent contexts[J]. *Academy of Management Journal*, Vol.50, No.2(2007),pp. 327－347.

⑤ Fredrickson, B. L.. The role of positive emotions in positive psychology: The broaden-and-build theory of positive emotions[J]. *American psychologist*, Vol.56,No.3(2001),p.218.

都有助于促进员工工作主动性[1][2]，Fritz 和 Sonnentag（2009）的跟踪研究则指出，员工的积极情感不仅能够有效促进员工当日的工作主动行为，其影响还能延续到之后数日[3]。相比积极情感的正向影响，传统观念一般认为消极情感不利于主动行为的产生，但是近年来的一些研究发现，在某些情境下，消极情感可以使人们更加清晰地认识到现实与理想的差距，刺激个人产生改变现状的意愿，从而促进主动工作行为[4]。

（二）情境因素

在情境因素方面，领导、工作特征及组织氛围是影响员工主动行为的重要情境因素。

首先，在领导方面，现有研究主要从领导支持、领导风格以及领导与下属关系三个角度讨论领导的影响作用。

从领导支持的角度来看，现有研究显示，主管支持是员工个人主动性和主动行为的重要前因变量[5]，但是也有一些研究者发现主管支持与员工的主动行为并不相关（如 Parker 等，2006）。Thacker 和 Stoner（2012）从主管支持类型的角度入手，发现主管的

---

[1] Rank, J., Frese, M.. *The impact of emotions, moods and other affect-related variables on creativity, innovation and initiative*[M]//In N. M. Ashkanasy (Ed.). *Research companion to emotion in organizations*(*New horizons in management*). Cheltenham: Edward Elgar Publishers, 2008, pp.103－119.

[2] Schraub, E. M., Michel, A., Shemla, M., et al.. The roles of leader emotion management and team conflict for team members' personal initiative: a multilevel perspective[J].*European Journal of Work & Organizational Psychology*, Vol.23, No.2 (2014), pp. 263－276.

[3] Fritz, C., Sonnentag, S.. Antecedents of day-level proactive behavior: A look at job stressors and positive affect during the workday[J]. *Journal of Management*, Vol. 35, No. 1(2009),pp. 94－111.

[4] Sonnentag, S., Starzyk, A.. Perceived prosocial impact, perceived situational constraints, and proactive work behavior: looking at two distinct affective pathways: affective pathways to proactive work behavior[J]. *Journal of Organizational Behavior*, Vol.36,No.6(2015), pp.806-824..

[5] 马贵梅，樊耘，阎亮.基于多对象视角主管支持影响下属建言行为的机制[J].经济问题，2015(03)：8－12.

工具性支持能够有效促进员工的主动行为，但是情感支持没有显著作用[①]。

从领导风格的角度来看，领导风格对员工行为的影响研究一直是管理学界关注的热点，因此，有关领导风格与主动行为关系的研究也较为丰富。回顾已有文献发现，变革型领导风格对个人创新行为、建言行为、反馈寻求行为等多种主动行为均存在显著促进作用[②③]，但 Belschak 和 Den Hartog（2010）发现变革型领导的正向影响仅对有利组织和他人的主动行为有效，与有利个人职业发展的主动行为并不相关[④]。其他一些积极型领导风格，如参与型领导、道德型领导和真实型领导，也被证实与多种主动行为正向相关，而一些负面领导风格类型，如辱虐管理风格，则会抑制员工的主动行为[⑤⑥⑦]。还有一些研究者对领导风格在不同研究层次上的影响作用进行了探索，例如 Strauss 等（2009）发现，不同层级的变革型领导风格会刺激员工表现出不同的主动行为：团队直接领导者的变革型领导风格会促进员工表现出更多有利于团队的主动行为，而组织

① Thacker, R. A., Stoner, J.. Supervisors' Instrumental and Emotional Influences on Subordinate Help-Seeking Behavior: An Exploratory Study[J]. *Journal of Applied Social Psychology*, Vol.42,No.1(2012),pp.40−61.

② 陈晨，时勘，陆佳芳.变革型领导与创新行为：一个被调节的中介作用模型[J].管理科学，2015，28(04)：11−22.

③ 王宁，赵西萍，周密，等.领导风格、自我效能感对个体反馈寻求的影响研究[J].软科学，2014，28(05)：37−42.

④ Belschak, F. D., Hartog, D. N.. Pro-self, prosocial, and pro-organizational foci of proactive behaviour: Differential antecedents and consequences[J]. *Journal of Occupational and Organizational Psychology*, Vol.83,No.2(2010),pp. 475−498.

⑤ 向常春，龙立荣.参与型领导与员工建言：积极印象管理动机的中介作用[J].管理评论，2013，25(07)：156−166.

⑥ Hsiung, H.-H. Authentic Leadership and Employee Voice Behavior: A Multi-Level Psychological Process[J]. *Journal of Business Ethics*, Vol.107,No.3(2011), pp.349−361.

⑦ 吴维库，王未，刘军，等.辱虐管理、心理安全感知与员工建言[J].管理学报，2012，9(01)：57−63.

高层领导的变革型领导风格则会激励员工投入有利于组织整体的主动行为中[1]。Wang 和 Howell（2010）的实证研究结果显示，个体导向的变革型领导行为是员工个人主动性的重要预测变量，但团队导向的变革型领导与个人主动性无显著关联[2]。

从领导与下属关系角度来看，研究显示良好的领导与成员交换关系能够正向预测多种主动行为，例如反馈寻求行为、建言行为和个人创新行为等[3][4]。但是 Van Dyne 及其同事（2008）发现，领导与成员交换关系的促进作用可能会受到员工自身角色认知的影响：当员工将主动行为视为角色内行为时，高质量的领导与成员交换可以正向预测，但当员工将主动行为视为角色外行为时，领导与成员交换与该行为不相关[5]。

其次，工作特征也是影响主动行为的重要情境因素。Hornung 和 Rousseau（2007）、厉明（2013）等不少学者发现，工作自主性对员工工作主动性有重要促进作用[6]。Axtell 和 Parker（2003）的研究显示，工作丰富化通过增强员工自我效能感与灵活角色定位也

---

① Strauss, K., Griffin, M. A., Rafferty A E.. Proactivity Directed Toward the Team and Organization: The Role of Leadership, Commitment and Role-breadth Self-efficacy[J].*British Journal of Management*, Vol.20,No.3(2009),pp. 279－291.

② Wang, X. H., Howell, J. M.. Exploring the Dual-Level Effects of Transformational Leadership on Followers[J].*Journal of Applied Psychology*, Vol.95,No.6(2010),pp.1134－1144.

③ Zhao, H.. Relative leader-member exchange and employee voice: mediating role of affective commitment and moderating role of Chinese traditionality[J]. *Chinese Management Studies*, Vol. 8,No.1(2014), pp. 27－40.

④ 韩翼，杨百寅.真实型领导、心理资本与员工创新行为：领导成员交换的调节作用[J].管理世界，2011(12)：78－86+188.

⑤ Van Dyne, L., Kamdar, D., Joireman, J.. In-role perceptions buffer the negative impact of low LMX on helping and enhance the positive impact of high LMX on voice[J].*Journal of Applied Psychology*, Vol.93,No.6(2008),pp. 1195－1207.

⑥ Hornung, S., Rousseau, D. M.. Active on the Job——Proactive in Change How Autonomy at Work Contributes to Employee Support for Organizational Change[J]. *The Journal of Applied Behavioral Science*, Vol.43,No.4(2007),pp. 401－426.

有助于提升员工的个人主动性[①]，Salanova 和 Schaufeli（2008）则发现工作控制、工作反馈和工作多样性等工作资源可以通过促进员工的工作投入度来激发员工主动行为[②]。Sun 等（2015）的实证研究则显示工作复杂程度是预测员工主动行为的重要工作特征[③]。在工作压力方面，Fritz 和 Sonnentag（2009）发现条件限制压力与员工主动行为正向相关；Ohly 等（2006）则发现时间压力的促进作用可能呈现非线性：中等程度的时间压力最为有利，过低或过高程度的时间压力都会产生负面影响[④]。

最后，员工所在团队与组织的氛围也会影响员工的主动工作行为意愿。实证研究显示，营造参与型组织氛围是促进员工主动工作行为的有效途径[⑤]；组织公平氛围也被证实与多种主动工作行为正向相关[⑥⑦]。Parker 等（2006）发现，团队成员间的良好信任

① Axtell, C. M., & Parker, S. K.. Promoting role breadth self-efficacy through involvement, work redesign and training[J]. *Human Relation*s, Vol. 56, No.1 (2003), pp. 113－131.

② Salanova, M. & Schaufeli, W. B.. A cross-national study of work engagement as a mediator between job resources and proactive behaviour[J]. *International Journal of Human Resource Management*, Vol.19, No.1(2008), pp. 116－131.

③ Sun, Y. S., Antefelt, A., Jin, N. C.. Dual effects of job complexity on proactive and responsive creativity moderating role of employee ambiguity tolerance[J]. *Group & Organization Management*, published online before print. Vol.42, No.3(2015), pp.123－135.

④ Ohly, S., Sonnentag, S., Pluntke, F.. Routinization, work characteristics and their relationships with creative and proactive behaviors[J]. *Journal of organizational behavior*, Vol.27,No.3(2006),pp. 257－279.

⑤ Taştan, S.B.. The Influences of Participative Organizational Climate and Self-Leadership on Innovative Behavior and the Roles of Job Involvement and Proactive Personality: A Survey in the Context of SMEs in Izmir[J]. *Procedia - Social and Behavioral Sciences*,Vol.75, No.3 (2013), pp.407－419.

⑥ 刘云.前瞻性人格对员工变革行为的影响：组织公平气氛的调节效应[J].会计与经济研究，2012，26(06)：85－94.

⑦ 姚艳虹，韩树强.组织公平与人格特质对员工创新行为的交互影响研究[J].管理学报，2013，10(05)：700－707.

氛围通过拓宽员工的自身角色认知，可以增强员工的主动工作行为表现；此外，团队成员间的良好人际关系以及支持氛围都有助于增强员工的主动工作意愿（Griffin 等，2007）。

三、现有研究述评

近年来，尽管员工主动行为理论与实证研究文献不断涌现，获得了不少有价值的成果，但总体而言，学界对主动行为影响因素与机制的理解仍然不够充分，亟待更为深入的挖掘。

首先，在影响员工主动行为的个人因素上，现有研究主要关注人格特质、认知动机和个人情感的作用。尤其是人格特质对员工主动行为的重要影响，已然得到了学界的普遍认可。但以往文献主要集中在主动性人格方面，也有少数文献探讨了大五人格的作用，而其他人格特质与主动行为间的关联则较少受到关注。其他人格特质是否也会对员工主动行为产生显著影响？他们的影响作用是否在多种主动行为间存在普遍性？这些问题都值得引起学术界的更多关注。此外，个人层面上的其他影响因素仍需继续挖掘，例如个人的知识、技能与能力水平是否会对员工主动工作行为产生重要影响？不同类型的知识、技能与能力是否会影响员工对不同主动行为的偏好？近年来的研究显示消极情绪也可以对员工主动行为产生积极作用，这种积极作用是否存在于多种主动工作行为中？等等问题都需要更加丰富的实证研究进行讨论和验证。

其次，在影响员工主动行为的情境因素上，现有研究主要从领导、工作特征及组织氛围等角度加以探讨。就现有研究成果来看，尽管已有不少研究讨论了领导行为与多种员工主动行为的关联，但研究结果尚存一定分歧，什么样的领导风格更有利于激发员工的主动工作行为，不同情境、不同类型的主动工作行为是否对领导存在不同诉求，这些都是未来研究亟待解决的关键问题。特别是领导影响员工行为的深层机制方面，目前学界还远不够了解，需要更加深入、系统的探索。从工作特征角度入手的相关研究主要关注一些积极工作特征，例如工作自主性、工作多样性度等对员工主动工作行为的有益影响，而消极工作特征与员工主动行为的联系受到的关注较少。近年来，有学者发现消极工作特征可能也会对员工主动行为产生正向影响，这一研究方向值得在未来得到更多重视。组织氛围也是影响员工主动行为的重要情境因素，但相关研究目前较为不足，特别是考虑到组织氛围的集体共享性，从多层次研究视角探究组织氛围对员工个人主动行为的跨层次作用十分必要。

最后，目前主动行为研究的系统性和综合性不足。回顾前人研究成果，发现以往研究主要是以某种主动行为作为切入点，讨论单一主动行为的产生及作用机制，或是从工作主动性的角度笼统概括地进行分析，对多种主动行为间的共同特征与个性差异缺乏了解，这不利于构建更加系统性的主动工作行为理论体系，揭示激发员工主动行为的深层机理。目前，学界已经界定了丰富的主动行为形式，如何科学合理地对这些主动行为进行进一步分类，识别不同层次、不同类型主动行为在产生与作用机制上的异同，是未来研究的重点。近年来，已有一些学者意识到这一问题并积极做出了尝试（例如 Parker 和 Collins，2010；Adler-Milstein 等，2011），但是关于多种主动行为的综合性深入研究目前仍然严重不足，亟需相关文献的补充和丰富。

第三节　拟解决的关键问题

本研究拟解决的关键问题主要有以下四点。

关键问题一：在中国组织情境下，授权型领导风格是否会促进员工的主动工作行为？不同层次上的授权型领导是否在影响作用上存在差异？

领导是影响员工主动工作行为的重要情境因素，探索有效领导风格及其作用机制有着重要的理论意义和实践价值。本研究通过分析授权型领导对四种主动工作行为的影响，试图检验授权型领导是否对多种主动工作行为均存在促进作用，从而更好地明确授权型领导风格的有效性。同时，本研究拟在总结相关理论与研究的基础上，构建授权型领导影响员工主动工作行为的跨层次模型，考察和比较员工导向授权型领导（员工层次）与团队导向授权型领导（团队层次）对四种员工主动工作行为的影响及其作用机制，以期更加深入地理解不同层次上的领导行为如何影响员工的主动工作行为。

关键问题二：在员工层次上，心理授权和下属对领导信任是否在授权型领导与员工主动工作行为间起到了中介作用？他们的作用在不同主动工作行为间是否存在差异？

本研究认为，授权型领导会通过提高员工的心理授权水平和对领导信任程度，进而促进员工主动工作行为。前人的研究显示，心理授权和下属对领导信任这两个变量与多种有益的员工行为密切相关，但是在主动工作行为领域，心理授权和下属对领导信任是不是授权型领导与员工主动工作行为间的普遍中介变量仍有待进一步的检验。同时，通过分析这两个变量在授权型领导与多种主动工作行为间的中介效应，本研究试图比较和检验不同主动工作行为在产生机制上的异同。

关键问题三：在员工层次上，员工特质性调节焦点是否会对员工主动工作行为产生影响？两种调节焦点的作用是否存在不同？相同调节焦点在不同主动工作行为间，是否存在影响作用上的差异？

尽管个人因素一直被视为影响员工主动工作行为的重要前因变量，但是关于个人特质与员工主动行为的关系研究长期局限在主动性人格上，学界关于其他个人特质对主动行为的影响作用了解甚少。本研究拟从调节焦点入手，探讨员工的特质性调节焦点是否也是影响员工主动工作行为的重要个人特质，并检验两种调节焦点对主动工作行为的直接影响与调节作用，比较调节焦点对不同主动工作行为的影响差异。这一方面扩展了调节焦点理论的应用领域，另一方面也为更加深入地理解和识别主动工作行为的共性与差异作出了贡献。

关键问题四：在团队层次上，团队导向授权型领导、团队授权是通过怎样的机制对员工主动工作行为产生影响的？

与个体层次上的主动工作行为影响因素及其作用机制研究相比，学术界关于团队层次上的变量如何跨层次影响员工主动工作行为的问题仍然缺乏了解。本研究拟针对团队导向授权型领导和团队授权这两个团队层次变量进行分析，探讨它们对员工层次上的主动工作行为的跨层次影响，及其中介机制。

第四节 技术路线与结构安排

一、技术路线

本研究的技术路线如图 0-1 所示。

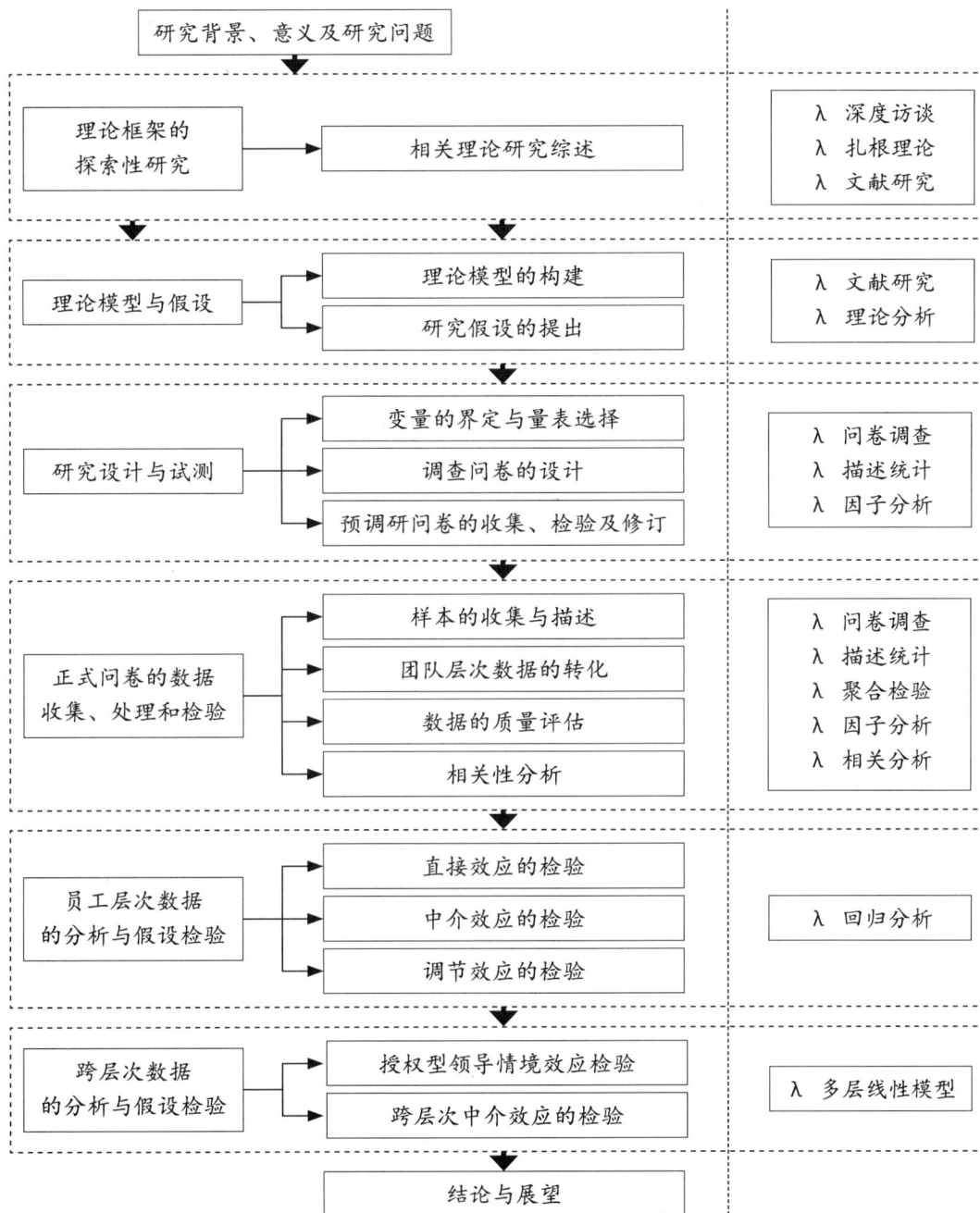

研究背景、意义及研究问题

| 理论框架的探索性研究 | → | 相关理论研究综述 | λ 深度访谈
λ 扎根理论
λ 文献研究 |

| 理论模型与假设 | → | 理论模型的构建
研究假设的提出 | λ 文献研究
λ 理论分析 |

| 研究设计与试测 | → | 变量的界定与量表选择
调查问卷的设计
预调研问卷的收集、检验及修订 | λ 问卷调查
λ 描述统计
λ 因子分析 |

| 正式问卷的数据收集、处理和检验 | → | 样本的收集与描述
团队层次数据的转化
数据的质量评估
相关性分析 | λ 问卷调查
λ 描述统计
λ 聚合检验
λ 因子分析
λ 相关分析 |

| 员工层次数据的分析与假设检验 | → | 直接效应的检验
中介效应的检验
调节效应的检验 | λ 回归分析 |

| 跨层次数据的分析与假设检验 | → | 授权型领导情境效应检验
跨层次中介效应的检验 | λ 多层线性模型 |

结论与展望

图0-1 本书技术路线

二、结构安排

本研究的结构安排及主要内容如下。

导论。首先介绍本书研究背景，阐述研究的理论与实践意义；在此基础上，对员工主动工作行为进行了较为全面的文献综述；然后归纳本研究拟解决的关键问题，并在此基础上提出本研究的技术路线、结构安排和研究方法，总结本书可能的创新之处。

第一章，理论框架的探索性研究。首先阐述研究依据的基础理论；然后根据相关理论提出对研究框架的初步设想；通过深度访谈的方式搜集探索性研究所需资料，采用扎根理论编码技术提炼概念、范畴及其结构关系；最后对探索性研究结果进行总结，明确本研究涉及的核心变量，为最终理论模型的构建奠定基础。

第二章，相关研究理论的回顾和评述。围绕本研究核心变量，全面回顾授权型领导、心理授权、团队授权、下属对领导信任以及调节焦点理论的现有文献，通过对现有研究成果的梳理和归纳，把握相关领域当前研究进展和方向，评析现有研究不足，为后续理论分析和逻辑推理提供支持。

第三章，理论模型与研究假设。基于探索性研究结论与相关研究文献的回顾与梳理，构建本研究最终理论模型；然后以理论模型为依据，分析核心变量间的关系，提出研究假设。

第四章，研究设计与试测。为了提高研究严谨性，保证正式调研顺利开展，首先对研究变量的操作性定义进行界定和说明，并确定各变量初始测量量表；在此基础上，根据调查问卷设计原则，合理设计和编制调研问卷；最后开展小样本试测，并对试测数据进行信度与效度检验，形成最终调查问卷。

第五章，正式问卷的数据收集、处理和检验。首先对大样本数据的收集情况和样本特征进行阐述；其次对团队层次变量进行聚合检验，并根据检验结果将其聚合转化到团队层次；再次，检验样本数据的信度与效度，以保证研究结论的可信度和科学性；最后，通过相关分析初步判断各变量间的相互关系。

第六章，员工层次数据的分析与假设检验。基于大样本数据，本章对员工层次上的研究假设进行检验。首先，检验授权型领导对员工主动工作行为的直接效应；其次，检验心理授权和下属对领导信任在授权型领导与员工主动工作行为关系中的中介效应；最后，检验调节焦点对主动工作行为的直接影响和调节作用；并对员工层次上的假设检验结果进行汇总。

第七章，跨层次数据的分析与假设检验。本章首先分析团队导向授权型领导对员工主动工作行为的情境效应；然后构建"2-2-1"式和"2-1-1"式跨层次中介效应模型，检验本研究涉及的跨层次中介效应，最后汇总团队层次上的假设检验结果。

第八章，研究结论与展望。本章首先对主要结论进行总结和讨论，然后以此为依据，归纳研究结论的理论贡献和对管理实践的启示，并指出本研究的局限性和对未来研究的展望。

第五节　研究方法和可能的创新点

一、研究方法

本研究采用的研究方法可以概括为以下五个方面。

第一，文献综述法。通过广泛查阅和尽可能充分地搜集国内外有关主动工作行为、授权型领导、心理授权、团队授权、下属对领导信任以及调节焦点的相关研究文献，系统梳理已有研究成果与最新研究进展，总结相关研究领域当前存在的不足，为理论模型的构建和研究假设的提出提供支持。

第二，深度访谈法。采用半结构化访谈方法获得定性数据，为本书探索性研究分析提供资料，以期立足中国组织情景，探索中国文化背景下的员工主动工作行为关键影响因素。本研究采用半结构访谈法对18位访谈对象进行了深度访谈。

第三，基于扎根理论的编码技术。作为一种规范的质性研究方法，扎根理论能够较好地避免"先入之见"，尤为适用于基于情境的探索性研究。根据扎根理论的编码步骤，整理访谈资料并将其概念化，通过反复地提炼、归纳与编码，识别范畴间的本质关系，形成具有因果脉络的最终理论，为构建科学、合理且符合我国组织实际的最终模型奠定基础。

第四，问卷调查法。选择在国内外相关研究中经常使用的成熟量表，并根据本研究实际需要，结合访谈结果确定预调研问卷内容，在预调研的基础上进一步调整和修正研究问卷，开展大规模的正式调研。

第五，数据分析方法。本研究综合应用 SPSS、AMOS 和 HLM 等多种统计分析工具对样本进行实证分析。采用 SPSS 软件进行的分析方法主要包括信效度分析、描述性统计分析、探索性因子分析、聚合度分析、相关分析和回归分析等；AMOS 软件主要用于验证性因子分析；HLM 软件用于构建多层线性模型，对数据进行跨层次分析。

二、本书可能的创新点

本研究的可能创新点可以归纳为以下四个主要方面。

第一，立足中国组织情境，整合组织微观和中观研究视角，提出了一个授权型领导对员工主动工作行为的跨层次影响模型。在以中国组织员工为对象的探索性研究基础上，本书从员工和团队两个研究层次入手，构建基于中国组织情境的授权型领导对员工主动工作行为跨层次影响模型。与以往授权型领导研究相比，本研究的不同之处在于整合了员工导向授权型领导和团队导向授权型领导两个研究视角，深入讨论授权型领导影响员工主动工作行为的跨层次作用机制。这是对授权型领导研究领域的拓展和丰富，有助于揭开授权型领导跨层次作用路径的"黑箱"，具有一定开创性。

第二，针对目前学界关于主动行为整合与比较研究的缺乏，聚焦于主动工作行为领域，综合分析四种典型主动工作行为，以增进学界对主动工作行为的系统性理解。以往主动行为研究主要是围绕某一种具体主动行为加以讨论，或是从笼统的工作主动性角度进行分析，综合比较多种主动行为间共性与差异的研究较少，而将研究视角聚焦在以改进组织内部环境为目标的主动工作行为这一主动行为大类，综合分析和比较多种主动工作行为的实证研究更未发现。通过比较多种主动工作行为在产生机制上的异同，本研究拓展和深化了学界对主动工作行为的系统性认识，为探索和识别主动工作行为的共性与差异提供了一些有建设性的结论和研究方向。

第三，从实证角度提出区分促进性建言行为和抑制性建言行为的新依据，这是对相关研究问题的重要补充。区别对待促进性建言行为和抑制性建言行为的重要性已经获得了学界的广泛认可，但是关于这两种建言行为在影响因素及产生机制上的差异仍没有得到很好识别。本书从实证分析的角度，挖掘促进性建言行为和抑制性建言行为的不同影响因素，为区分这两种建言行为提供了新的依据。

第四，揭示特质性调节焦点对主动工作行为的不同影响，为主动工作行为的个人影响因素研究提供了新视角。目前，学界还未从实证角度系统地分析过调节焦点对多种主动工作行为的影响作用及差异。本研究在探索性研究的基础上，提出特质性调节焦点可能对员工主动工作行为存在显著影响，并进行实证分析加以检验。通过比较两种调节焦点对四种主动工作行为的影响作用，本研究揭示了两种调节焦点对主动工作行为的不同影响规律，为主动工作行为个人影响因素研究提供了新的研究视角。同时，这也是对主动行为划分新方式的积极探索，检验了以两种调节焦点为依据，从"追求积极结果"与"避免消极结果"角度划分主动行为的可行性。

第一章　理论框架的探索性研究

第一节　理论基础

一、认知行为主义

以美国学者托尔曼为代表的认知行为主义也被称为新行为主义。该理论认为，环境刺激与个体行为反应之间的作用机制会受到有机体内部过程的影响，也即是说，在刺激与反应之间存在一个有机体内部的中介过程，而在中介过程中对行为反应起到关键作用的各种心理因素就是中介变量。鉴于此，认知行为主义在华生提出的"刺激—反应"（"S—R"）公式基础上，增加了一个中介变量，称为"有机体O"（Organism），或"认知C"（Consciousness），形成"刺激—认知—反应"（"S—O—R或S—C—R"）模式。根据托尔曼的论述，有机体对环境的内在认知过程是对信息的知觉、领悟和价值评价，这一过程在环境刺激与个体行为反应间起到了重要的中介传导的作用。认知中介变量无法被直接观测，但却是个体行为反应的关键所在，是行为的决定因素。因此，想要弄清"在特定环境刺激下为什么会有这种反应"，就需要对认知中介变量加以研究。

认知行为主义强调了人的主体性和内部认知过程对个体行为的关键作用，以此思想为指导，本研究拟以"S—O—R"模式构建本书研究框架，探讨情境因素（领导行为）对个体行为反应（员工主动工作行为）的影响机制中，员工心理认知作为中介变量的作用。

二、社会认知理论

在社会学习理论的基础上，美国学者班杜拉在其1986年出版的《思想和行动的社会基础：社会认知论》一书中，系统性地阐述了社会认知理论这一理论体系。社会认知理论认为，人不仅仅是由内部力量驱动，也不仅仅是由外部刺激塑造和控制，而是通过行为、认知及其他人的因素、情境因素三者的共同作用，构成一个三元的互惠互利模式，称为"三方互惠决定论"，如图 1-1 所示。

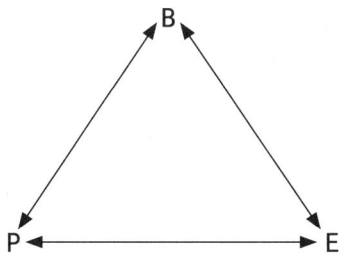

图1-1　三方互惠决定模式中三类决定因素之间的关系

资料来源：［美］班杜拉著，林颖等译：《思想和行动的社会基础：社会认知论》，华东师范大学出版社，2001 年，第 32 页。

图中，B 代表行为，P 代表主体，E 代表环境，双向的箭头表明两两因素间的交互作用。需要注意的是，这三组因素间的相互作用并不是同时进行的，其作用模式和强度也并非固定不变和对等。在不同环境、不同主体和不同行为情况下，上述三组因素的作用模式和影响都会有所不同。

根据社会认知理论，主体因素 P 和行为 B 之间是相互作用与互相决定的关系。一方面，人的期望、目标、信念、意向等引导和支配着人的行为；另一方面，个人过去和现在采取的行为和行为导致的后果也会反过来影响人的认知、信念和情绪。同样地，情境因素 E 和行为 B 之间也是相互作用与互相决定的关系。一方面，情境是行为的对象和外部制约条件，它直接影响着行为的模式、方向与强度；另一方面，行为是个体改造和适应情境的具体手段，通过采取行动，个体能够人为地创造出有利于自身的环境条件。最后，情境因素 E 和主体 P 的交互作用表现在社会说服、示范等社会影响力能够塑造个体的人格特质、认知和动机等内在因素方面；而情境的存在及其作用的发挥则有赖于人的认知和特征。个体通过感知外界情境中的各种诱因，并对行为可能产生的后果加以预期，从而对自身行为进行相应的调整和控制[①]。因此，具有不同个人特质的个体在面对相同的情境时，可能会产生不一致的行为反应。鉴于此，近年来的组

---

① ［美］班杜拉.思想和行动的社会基础：社会认知论[M].林颖，等译.上海：华东师范大学出版社，2001：185.

织行为学研究者主张在行为研究中，将个人因素与情境因素相结合，探讨两者对个体行为的共同作用。

根据社会认知理论，情境、主体和行为之间不断地进行着持续的交互作用，主体会采取怎样的行为取决于主体所处的外部情境和他内在的自我知觉、信念与意图。社会认知理论为我们提供了一个理解、解释和预测个体行为的有效理论框架，以该理论为依据，本研究在探讨授权型领导对员工主动工作行为的影响机制时，将个人特质因素的交互作用也纳入考虑。

三、社会交换理论

社会交换理论最早由美国学者霍曼斯（Homans，1958）提出，布劳（Blau，1964）以经济学理论为基础，对霍曼斯的理论进行了扩大和延伸。根据社会交换理论，在人际交往中，人与人之间存在着交换关系。在该关系中，交换的双方都会获得一定收益，但同时也需要付出一定代价。人们会对特定交换关系带来的收益有所期待，并会将所获得的收益与所付出的代价进行比较，同时也会对自己应当获得的关系以及是否能够建立更好的关系进行预判和衡量。如果双方都觉得获得了满意的收益，那么两者之间的关系就能继续维持下去，但是当一方感觉到自身的付出没有得到回报，或者获得的报酬明显小于所花费的成本，那么双方间建立的交换关系就会出现问题。布劳指出，所有的交换关系都可以划分为经济交换与社会交换两个类型：经济交换以契约为基础，通过计算利益的得失来维系彼此的交换关系；社会交换则是以双方的信任与责任感为基础[①]。古尔德纳（Gouldner，1960）提出社会交换的核心思想在于"互惠规范"，即人们根据社会规范的要求，应当积极回报给予自己帮助的他人，或是不应做出损害那些帮助过自己的人的事情[②]。在社会交换关系中，付出者并不局限于眼前收益，而是期望得益者会以社会规范和内在价值观为基准，在未来予以回报，从而在交换的彼此之间构筑起一种更加积极、稳定和持久的关系。

---

① Blau, P. M.. *Exchange and Power in Social Life*[M]. New York：John Wiley & Sons, 1964，pp. 56-70.

② Gouldner, A. W.. The Norm of Reciprocity：A Preliminary Statement[J]. *American Sociological Review*, Vol. 25, No. 2(1960), pp.161－178.

具体到组织情境，组织中存在有两类典型的社会交换关系，一种是员工与组织之间的交换，一种是员工与领导之间的交换。员工在与组织及领导进行交换的过程中，会遵循"互惠规范"的原则，即当员工感受到组织和领导释放的关怀、信任、支持和对自己工作能力的认同等善意信号时，员工会根据自身内在的价值观与社会规范，产生回报组织的动机与责任感，于是在工作中更加努力地做出有利于组织的行为和表现，减少损害组织利益的行为。

第二节　初步研究框架的提出

以托尔曼的"S—O—R"模式、班杜拉的三方互惠决定理论和布劳的社会交换理论为依据，本研究遵循"组织情境因素"员工心理认知"员工行为"的研究思路构建研究初步框架，选择从领导风格这一重要情境因素入手，探索有效领导风格对员工主动工作行为的影响及其作用机制，并关注员工个人特质在这一过程中起到的作用。

如前文所述，近年来，员工主动行为研究日益受到学界关注，但是现有研究在探索多种主动行为的共性与差异方面较为不足。基于上述原因，本书选择对多种主动行为进行综合分析。但是，考虑到员工主动行为种类众多，不同行为在形式、策略和影响目标等方面存在一定差异，为加强本书针对性，故选择将视线聚焦在主动工作行为这一主动行为大类。员工主动工作行为以改进工作环境、使组织获益为目标，因此是组织管理者非常欢迎和鼓励的一类主动行为，研究这类行为的有效激励手段具有重要的理论和实践意义。

在主动工作行为大类下，为进一步明确本书研究的具体主动工作行为，本书根据Parker 和 Collins（2010）的主动行为高阶分类模型，总结主动工作行为的各种形式，并参考 Liang 等（2012）的建议，区分促进性建言行为和抑制性建言行为[①]，形成主动工作行为类型列表。然后，请来自多家企业的总经理、部门主管，以及相关专业的资

---

①　　Liang, J., Farh, C. I., & Farh, J.L.. Psychological antecedents of promotive and prohibitive voice: A two-wave examination[J]. *Academy of Management Journal*, Vol.55, No.1(2012),pp. 71－92.

深专家共 16 人，根据自身经验，对主动工作行为类型列表中列举的主动行为类型进行选择，最终确定出四种典型主动工作行为开展本书研究，包括促进性建言行为、抑制性建言行为、个人创新行为和问题预防行为等。

在明确拟研究主动工作行为的基础上，结合研究思路，本研究构建的初步框架如图 1-2 所示。根据初步研究框架，本研究认为，组织管理者表现出的领导风格会影响员工促进性建言行为、抑制性建言行为、个人创新行为和问题预防行为这四种典型主动工作行为，员工心理认知在其间发挥中介作用，员工个人特质对上述四种行为也存在显著影响，并会在"领导行为—心理认知—主动工作行为"影响过程中起到调节作用。

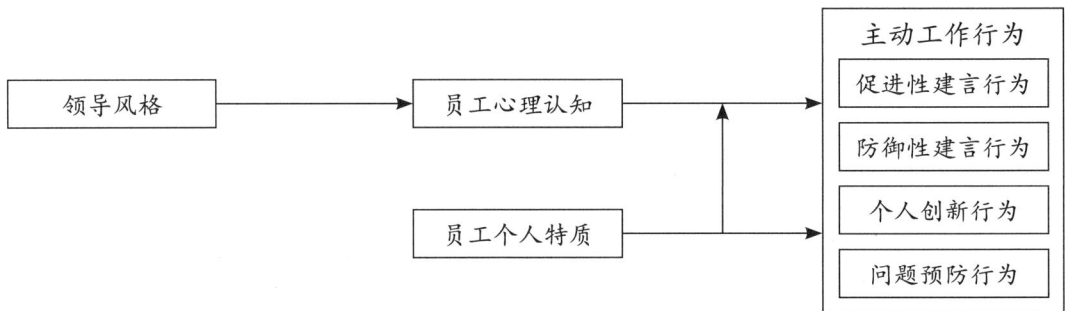

图1-2 初步研究框架

不过，究竟应当选择何种领导风格、心理认知以及个人特质变量进行研究，才能更加符合中国组织实际，真正揭示在中国组织情境下，促进员工主动工作行为的有效途径，仍然不够明晰，所以本书首先进行探索性研究，以期了解中国组织中的主动工作行为现状，寻找影响中国组织员工主动工作行为的关键要素，并在此基础上，构建更加合理、完善的研究理论模型。

第三节 基于访谈的探索性研究

一、探索性研究方法

探索性研究是在研究初期，获得所研究对象或问题的初步了解与感性认识，为后续更加深入、周密的正式研究提供基础和方向（风笑天，2009）[①]。为了进一步明确初步框架中的领导风格、员工心理认知和员工个人特质核心变量，从而形成符合中国组织情境的最终理论模型，本研究拟采取探索性研究方法，以中国组织员工为研究对象，使用半结构化深度访谈方式搜集资料，以扎根理论为依据进行质性研究。通过与访谈对象的深入交流，获得所关心问题的细致描述和更加深刻的理解，进一步理清研究思路，为理论模型的构建和后续实证研究提供基础。

根据深度访谈的设计要求，在访谈之前，首先明确访谈主题并选择适当访谈对象，然后根据访谈主题，制定访谈提纲，确定访谈的主要问题；在访谈过程中，以访谈提纲为依据，引导员工从关键事件出发，探索被访者对研究问题的认知，挖掘研究问题的核心要素及相互关系；在访谈之后，通过整理、汇总和分析访谈资料，对相关问题进行归类和编码，揭示现象发生的内在机制，得出研究结论。

在访谈主题上，本研究围绕"领导行为如何有效促进员工主动工作行为"这一中心，拟从以下四个主要方面进行开放式深度访谈。

第一，挖掘哪些领导行为和特质对促进员工主动工作行为有重要作用。

第二，探索促进主动工作行为的关键心理认知过程。

第三，探讨员工个人特质是否会影响其主动工作行为选择。

第四，了解影响员工主动工作行为的其他因素。

在访谈对象的选择上，为了提高访谈对象的多样性，避免同质化偏差，获得更有价值的一手访谈资料，本研究立足中国组织情境，选择的18位访谈对象均来自不同组织，工作地点分布在北京、天津、上海、湖北、广东、福建等多地，行业涉及信息、保险、制造、矿冶、传媒、勘测、银行、医疗、规划设计等多个领域，学历从大专至博士不等，且以本科为主，工作年限则从2年到25年不等。被访者基本信息如表1-1所示。

① 风笑天.社会学研究方法[M].北京：中国人民大学出版社，2009：85.

表1-1 被访者基本情况表

编　号	行　业	岗　位	性　别	学　历	工作年限	工作地点
A	传媒	项目管理人员	女	本科	8	武汉
B	医疗	医学影像技师	女	本科	12	广州
C	保险	保险代理人	男	本科	2	武汉
D	军队院校	军需管理人员	男	本科	7	武汉
E	医疗	检验科医师	女	本科	23	武汉
F	规划设计	技术员	女	硕士	6	北京
G	信息技术	产品经理	男	硕士	8	北京
H	医疗	医生	男	硕士	6.5	武汉
I	测绘	技术员	女	本科	8	天津
J	勘测设计	工程师	男	博士	5	武汉
K	银行	普通柜员	男	硕士	2	福州
L	医疗	中医师	女	硕士	15	上海
M	矿冶	工程师	男	硕士	5	北京
N	制造	设计员	男	本科	4	武汉
O	医疗	护士	女	大专	25	上海
P	制造	销售人员	女	本科	9	上海
Q	信息技术	研发人员	男	本科	3	北京
R	航空航天	研发人员	女	硕士	8	北京

在访谈内容上，以访谈主题为依据，本研究制定了半结构化访谈大纲（见附录A），其主要内容包括以下四个方面。

第一，被访者的个人基本信息及相关工作背景，包括人口统计学信息，如性别、年龄、教育程度、工作年限等；工作背景信息，如工作单位名称、行业、部门名称、职务、地区等。

第二，解释四种主动工作行为的内涵并适当举例，在被访者充分理解的基础上，请被访者详细描述一次或多次成功实现主动工作行为的经历。

第三，被访者是否有过想要实现某项主动工作行为，但最终没有成功的经历，请被访者详细描述。

第四，被访者对如何有效促进主动工作行为的理解与认知。

在具体访谈过程中，为了更好地获得组织与被访谈者的真实情况，本研究采取了以下措施。

首先，在访谈开始之前，向被访者解释访谈目的，并保证访谈内容仅用于学术研究，被访者信息绝不外泄，以消除被访者的顾虑。

其次，征得被访者同意，对访谈内容进行录音。

再次，在访谈过程中，注意访谈语言表达，避免使用过于学术、专业、歧义或隐晦的表达方式，并保持开放、自由的访谈氛围，鼓励被访者表达真实想法。

最后，以访谈提纲为依据，但在具体访谈过程中，根据实际情况采用更加简单、通俗的方式进行交流，引导被访者逐步深入问题，并基于具体事例来挖掘被访者对研究问题的看法和理解，避免被访者受到提问者的误导。

二、基于扎根理论的资料分析

（一）扎根理论的资料分析策略

扎根理论是管理学研究中经常使用的一种质性研究方法，该方法以经验资料为基础构建理论，是一种自下而上的归纳式研究方法[1][2]。扎根理论以避免"先入之见"为基本原则，强调在现实资料的基础上探索和提炼反映现象本质的核心概念，并通过这些概念间的关联来构建相关社会理论，因此尤为适用于基于特定情境的探索性研究，实现更加客观、真实的理论构建。

扎根理论分析方法主要有三大类型，其中 Strauss 和 Corbin（1994）提出的三阶段编码分析法为理论构建提供了一个标准化规范程序，近年来受到广大学者的认可和应用。这一方法的核心在于编码和归类，通过开放性编码、关联性编码和选择性编码，将数据资料概念化，挖掘资料的范畴，识别范畴间的本质关系，形成具有因果脉络的最终理论。

具体而言，开放性编码是对原始资料进行分解、比较，将具体事件或现象概念化，

---

[1] Glaser,B. G.. *Theoretical sensitivity*[M]. Mill Valley：Sociology Press, 1978，pp. 145-147.

[2] Strauss, A., Corbin, J.. *Grounded theory methodology : An overview*[M]//. In N. Denzin & Y. Lincoln (Eds.). *Handbook of qualitative research*. London：Sage, 1994, pp. 273－287.

并根据其属性归类、形成范畴的过程。关联性编码在于在其基础上进一步分析、合并，确定主范畴与副范畴，并深入考察各范畴间的有机联系。这些联系可以是因果关系、过程关系、情境关系、类型关系、结构关系、策略关系，等等。选择性编码在关联性编码确定的范畴中挖掘和选择起到关键作用的核心范畴，并将分析集中到与核心范畴紧密关联的编码上，进而形成一个完整的解释构架。

本研究拟遵循上述资料分析程序，以扎根理论为依据，系统性地探索中国组织情境下的领导风格对员工主动工作行为影响模型。

（二）资料分析过程

1. 开放性编码

根据扎根理论的三级编码方法，首先对访谈资料进行开放性编码。将访谈资料转化为逐字稿，通过分解、标签和比较，从文本资料中挖掘和凝练概念，再根据概念的内涵与关联进一步类聚，形成更加抽象的范畴。

本研究最终从原始资料中抽取了 92 个概念，并通过对概念的进一步归纳和抽象，提炼出了 14 个范畴，具体内容如表 1-2 所示。

表1-2　开放性编码分析结果

序　号	范　畴	概　念
1	下放权力（A01）	领导愿意放权（aa1）、给予下属发挥空间（aa2）、授予下属充分职权（aa3）、结果导向式管理（aa4）、提供平台（aa5）、有工作发言权（aa6）
2	参与决策（A02）	决策征询下属意见（aa7）、采纳下属建议（aa8）、鼓励员工发言（aa9）、重视沟通与交流（aa10）、领导民主（aa11）、及时反馈（aa12）、领导开放性（aa13）
3	情感关系（A03）	领导平易近人（aa14）、关心下属（aa15）、领导亲和力（aa16）、解决员工实际困难（aa17）、领导言语鼓励（aa18）、情感纽带（aa19）、体谅员工（aa20）、改善员工生活（aa21）、距离感（aa22）
4	帮助指导（A04）	给予合理建议（aa23）、帮助新员工适应环境（aa24）、必要资源支持（aa25）、正确引导员工（aa26）、信息支持（aa27）、指导员工努力的方向及目标（aa28）、容忍员工犯错（aa29）、培养员工自主工作能力（aa30）、解释对员工的要求（aa31）、分享经验（aa32）、传授心得（aa33）

续　表

序　号	范　畴	概　念
5	自信心（A05）	相信自身专业素养（aa34）、相信自身工作经验（aa35）、领导认可（aa36）、对行为结果抱有良好预期（aa37）、自信可以克服各种困难（aa38）
6	自主工作权（A06）	有发挥空间（aa39）、工作需要自主解决问题（aa40）、对工作有一定掌控力（aa41）、工作灵活度高（aa42）、审批手续过多（aa43）、领导管控过严（aa44）
7	工作意义（A07）	热爱本职工作（aa45）、工作有价值（aa46）、工作成果有意义（aa47）、工作自豪感（aa48）、对社会有重要贡献（aa49）
8	工作影响力（A08）	工作成果受到重视（aa50）、人微言轻（aa51）、工作结果影响团队绩效（aa52）、是团队骨干（aa53）
9	对领导的信任（A09）	相信领导的专业素养（aa54）、相信领导能够知人善用（aa55）、相信领导是公平公正的（aa56）、相信领导是真诚善意的（aa57）、相信领导能够正确对待下属（aa58）、对领导的忠诚度（aa59）
10	责任动机（A10）	保证工作顺利开展（aa60）、责任心（aa61）、担心不良后果（aa62）、敬业精神（aa63）、重视工作质量（aa64）、对得起工资（aa65）、预防意识（aa66）、谨慎性格（aa67）、社会责任感（aa68）
11	成就动机（A11）	主动进取（aa69）、自身价值体现（aa70）、成就感（aa71）、获得顾客感恩（aa72）、获得其他同事感谢和肯定（aa73）、对进步的追求（aa74）、乐于挑战（aa75）、渴望脱颖而出（aa76）、满足内心进步需要（aa77）
12	团队氛围（A12）	团队协作氛围（aa78）、团队整体积极性（aa79）、团队新老成员间的"传帮带"（aa80）、团队建言氛围（aa81）、团队自主性（aa82）、对团队能力的信心（aa83）、团队支持（aa84）、团队能动性（aa85）
13	奖励制度（A13）	奖金（aa86）、表彰（aa87）、绩效奖励（aa88）
14	职业生涯成长（A14）	进修机会多（aa89）、看不到前途（aa90）、转岗机会多（aa91）、升职前景好（aa92）

2. 关联性编码

关联性编码的目的在于发现范畴与范畴间的潜在逻辑关联，提炼主范畴与副范畴。关联性编码通过对条件、背景、策略和结果等的编码范式，发现和建立范畴间的有机联系，将副范畴联结到主范畴上。

本研究以促进员工主动工作行为作为主轴，细致考察开放性编码中获得的概念和范畴，通过反复分析和归类，进一步归纳获得了领导风格、员工授权感、下对上信任、员工个人特质、团队因素和员工收益6个主范畴。6个主范畴及其对应的副范畴和内涵如表1-3所示。

表1-3　关联性编码分析结果

主范畴	副范畴	范畴的内涵
领导风格	下放权力	领导授予员工一定职权，为员工自主工作创造条件。
	参与决策	领导采取措施鼓励员工参与相关决策制定过程。
	情感关系	领导与员工建立良好的情感联系，经常表达对员工的人文关怀。
	帮助指导	领导关注员工成长，及时给予员工必要的信息资源帮助和指导。
员工授权感	自信心	员工对自身工作胜任力和成功实现预期目标的信心。
	自主工作权	员工感受到自身拥有自主工作权力的程度。
	工作意义	员工根据自身价值标准，感受到工作具有价值和意义的程度。
	工作影响力	员工感到在工作、团队和组织中具有重要影响力的程度。
下对上信任	对领导的信任	员工对领导的专业素养、管理能力及个人品德等的信任。
员工个人特质	责任动机	员工主动承担工作责任，努力发现并解决工作中存在的问题，以满足自身责任感的个人动机与倾向。
	成就动机	员工积极追求进步机会，努力实现自我价值，以满足自身成就感的个人动机与倾向。
团队因素	团队氛围	团队整体的主动工作氛围和工作主动能力，会对员工个人主动性产生影响。
员工收益	奖励制度	领导、团队或组织因员工主动工作行为而给予员工的奖金、表彰等奖励。
	职业生涯成长	员工对工作是否符合自身职业生涯成长期望的判断。

3. 选择性编码

在关联性编码的基础上，选择性编码需要从多个主范畴中挖掘核心范畴，并将其系统地与其他范畴相联系，进而提炼出典型关系结构。进行选择性编码时，需要明确资料的"故事线"，并通过对"故事线"的描述，验证主范畴之间的逻辑关联。本研究的核心范畴是"领导行为对员工主动工作行为的影响及其作用机制"，以此为基础，围绕核心范畴的"故事线"可以概括为：在组织中，领导通过下放权力、鼓励员工参与决策、及时提供帮助与指导、关心下属、努力与下属建立良好关系等行为，能够有效激发员工的工作授权感和对领导的信任感，进而使员工产生较强的主动工作信心和意愿，从而积极开展主动工作行为。团队整体的授权氛围也会通过团队成员间的互动交流，对员工个人的主动工作行为产生重要影响——当团队成员普遍具有较强授权体验和主动工作意识时，良好的主动工作氛围会带动每一位团队成员更加积极主动地投入工作。另外，员工个人对成就与责任的追求同样有助于促进员工的主动工作行为：一方面，具有较强成就动机的员工对进步和成功有着强烈需要，为了更好地实现自我价值、获得工作成就感，他们会积极寻找创新机会、主动挑战更高目标，并甘愿为此承担风险；另一方面，具有较强责任动机的员工十分关注和重视如何更好地履行自身责任，愿意为团队与组织的长远发展积极担责，主动采取各种防范措施以期保证工作顺利开展。

第四节　探索性研究结论

一、探索性研究的结果汇总

通过扎根理论分析，本书探索性研究的结果可以归纳为四个主要方面。

（一）影响员工主动工作行为的领导行为风格

在访谈过程中，发现所有员工都提及，领导在他们采取主动工作行为的过程中扮演着重要角色。影响员工主动工作行为的领导风格主要包括以下特征。

1. 下放权力

对于有能力的员工，如果领导能够给予足够权力，员工的积极性和信心就会大幅提升，进而表现出更多主动工作行为。

被访者 H 表示："领导能够给我什么样的舞台，敢于给我多大的舞台，我就做什么样的表演。" H 所在医院院长希望 H 能够将他的科室打造成明星示范科室，告诉 H "放手去做"，于是 H 在科室内推行医师定期学习制度，之后迅速被推广到全医院，成功将该院医师资格通过率从原来的百分之五十左右提升到百分之九十。被访者 D 也认为，给予有能力的员工充分权限很重要。D 在某军队院校军需系工作，负责管理实习农场，

D 告诉农场新雇用的养猪技术员，自己只懂管理，技术员才是专家，并将养猪场全权交给技术员负责。之后技术员一直积极改善养猪场的环境和工艺，获得了很好的收益。

2. 鼓励参与决策

如果领导愿意在工作决策中参考和采纳员工建议，员工的主动工作意愿就会提高；反之，如果领导独断专行，拒绝下属反馈，就会大大打击下属的主动工作热情，使员工变得消极被动。

被访者 A 在部门定岗定责时，向部长提议将一名员工改派进 A 的工作小组，并阐述了理由。最后部长采纳了 A 的建议，这令 A 很受鼓舞，之后有了想法和建议，都会积极提出。相反，被访者 N 谈道："我们领导开会常说有意见就提出来，但其实希望有意见最好保留，要提也不要提太关键的。不了解情况的新员工有时会提些意见，领导之后都会说他们'不懂事'。"所以，N 在建言和创新上积极性都不高。

3. 情感关怀

亲切、平易近人、能够与下属交心的领导可以拉近上下级关系，让员工更加放心、大胆地开展主动工作行为；来自领导的真诚关怀，特别是在员工遇到实际困难时给予的及时帮助，会令员工产生归属感，进而更加主动积极地投入工作，努力回报领导与组织。

例如，被访者 A 表示："领导的亲和力很重要，我之前的领导很难打交道，也不喜欢和员工交流，所以就算有了想法也不敢提出或实施，因为害怕领导，觉得少做少错。现在的领导和我关系亲密，就像朋友，所以我什么都敢说、敢干，看不顺眼的也会直言不讳。"被访者 B 则指出："我觉得关怀员工生活也很重要，不是说什么都要求领导解决，而是希望领导在职权范围内可以帮助解决一定实际困难。例如，去年有一个同事的妈妈得了淋巴瘤，我们科不仅减免了她的放、化疗费用，还因为她是从外地来的，帮忙在招待所安排了简单住宿，这让我们很感动，之后的工作积极性也变得特别高。"

4. 提供帮助与指导

开展主动工作行为不能无的放矢，要能真正符合工作和组织实际诉求，同时也要花费大量时间和精力，因此需要领导在信息、资源上提供一些必要和及时的帮助。在实现主动工作行为的过程中，员工经常会遇到各种困难和迷茫，如果领导可以帮助把握一下方向、给予一些建设性指导，有助于提高员工主动工作行为的成功率，这些成功经验又会进一步增强员工开展主动工作行为的信心和积极性，激发更多主动工作行为。

例如，在信息支持方面，在某科技公司工作的被访者 G 谈道："领导经常会在正式会议或非正式的聊天中告诉我们公司对未来产品的一些想法，这些谈话很有启发性，让我知道应该重点关注和获取哪些方面的信息，毕竟新技术、新方法那么多，全部都深入学习和研究不现实。"在资源支持方面，被访者 P 发现部门同事每次报价都会进行很多重复工作，非常浪费时间，于是想要制作一个统一计算表，提高工作效率。领导知道后调整了 P 的工作安排，在 P 制作计算表期间，让 P 的同事分担她的工作并提供信息支持。P 表示："领导说这是'磨刀不误砍柴工'。这样安排让我不必操心其他工作，可以静心制作这个工具，实在太重要了。"被访者 F 则认为来自领导的指导也很关键，他谈道："我的领导专业素养很高，他会积极参与我的工作过程并给我很多合理建议，让我少走不少弯路。但是领导只是提建议，不会过多地对我指手画脚，这对我很有帮助。"

（二）影响员工主动工作行为的关键心理认知

1. 对自身能力的信心

如果员工感觉自身能力不足以支撑主动工作行为顺利开展、难以达成期望目标，就会为了避免失败带来的不良后果而回避主动工作行为；相反，如果员工对自身能力非常自信，就会倾向于发挥主观能动性，积极采取自主行动。

例如，被访者 J 在某勘测设计院工作，他表示访谈中讨论的行为他都经常做，因为"从本科到博士我都一直研究相关方向，专业能力比较扎实，经验也多，所以提出的建议和方案都是相对成熟、可行的，领导看了一般都很认可"。而就业刚满两年的被访者 C 在工作中则很少采取主动工作行为，C 认为主要原因是自己还是新人，经验不足，害怕说错话、做错事。

2. 对自主工作权的感知

为了实现主动工作行为，员工需要一定自由发挥空间，在一定程度上掌控自己的工作。大部分被访者都提及，希望领导采取以结果为导向的管理方式，提出一个明确的工作目标，但不过多干涉员工的具体执行过程，这样会大大提高主动工作行为的发生频率。

例如，被访者 K 指出："我们领导特别抓细节，工作上的规章制度也特别细致，所以感觉没什么自由发挥或者创新的机会，因为一切都要按照规章来。"被访者 R 也谈道："以前干什么都要领导同意，工作效率很低。后来换了新领导，只提他要的结果，怎么做员工自己想办法。我们都觉得这种方式挺好，有了自由发挥的空间，思想也更活跃，主动工作的积极性高了不少。"

3. 对工作意义和影响力的感知

员工感到工作是具有意义、价值和影响力时，会产生较高的自我认同感，从而激发工作热情，更加积极主动地工作。相反，如果员工感觉工作没有意义、缺乏影响力，就会意志消沉，得过且过，消极被动地对待工作。

例如，被访者 E 在工作中非常活跃，开展了广泛的主动工作行为，获得过很多表彰。E 认为自己主动工作的动力来源是对工作的自豪感，因为感到工作非常有价值，所以一直工作热情高涨。E 描述道："我是做检验的，有一次和病人聊天，根据他的检验结果提了些建议，后来在路上遇到，他居然还记得我，郑重向我表示感谢，因为我的建议让他找到了病因。所以可能有不少人感觉做检验就是出个报告，但我觉得检验是半个全科医生，我的工作真的非常有意义，所以我很热爱我的工作。因为热爱，就总想做得更好，所以才这么积极主动。"相反，被访者 Q 谈到自己很少主动工作，因为"在单位我就是只小工蚁，是微不足道的小弟，所以听命就好，何来主动？"

4. 对领导的信任

主动工作行为往往被员工视为风险行为，而对领导的信任感可以有效降低员工对风险的感知，使员工以更加积极的态度面对挑战。同时，高度的信任感会增强员工对组织的情感承诺，从而愿意投入更多精力主动工作，为组织创造更多价值。

被访者 O 认为领导是否让人信服、是否公平公正对主动工作行为很重要，她谈道："我们领导对谁都一视同仁，大领导的亲戚未请假就旷班，领导也扣了她奖金，很多人去求情都没用；平时有学习、进修的机会也是让我们轮流着去。在这样的领导下工作就是安心、有干劲，感觉自己的付出能够被正确对待。"被访者 D 也表示，首先领导要可信，否则应该不会想要采取主动行为，尤其是在反映问题、指出不良现象的时候。在某船舶制造企业工作的被访者 N 则给出了一个反面例子，N 的工作组在进行主船体分段设计时，在上级领导指示下调整了计划，导致没有按时完成，但领导将全部责任推卸给了 N 的工作组。N 表示："有这样的领导，谁还敢主动担责，又有谁敢求新求变？反正我们组是没什么想法了。"

（三）个人特质对员工主动工作行为的影响

通过访谈发现，员工的个人特质与其主动工作行为间确实存在密切关联：具有较强成就动机的员工乐于创新和突破自我，他们将创新与进步看作是自身价值的体现，对成就感有着强烈需求，并愿意为此付出努力。具有较强责任动机的员工表现出很强的责任心和严谨的工作态度，他们往往将防范工作失误和不良隐患看作是对工作负责的表现，因此在发现问题后愿意大胆指出，并且积极思考，主动采取对策。

例如，被访者 L 是一位中医，她谈到中医治疗是一个长期过程，期间需要注意很多事项，但医院问诊时间太短，坐班时间也不固定，很多细节没法和病人交代清楚，所以为了更好地指导病人用药，她建立了多个病患微信群，目前人数已达 400 余人。L 指出："这可能跟我的性格有关，我总是想要把事情做得更好一点、再好一点。坐诊的时间太短，实在没办法把事情做得更好，只能利用业余时间了。"被访者 M 也指出："我本来就是个具有创新精神的人，读书的时候就经常参加'挑战杯'这样的创新比赛，所以工作后，也总爱想有没有更好的方法去工作、去完成项目。"被访者 H 认为自己的创新行为与成就感有关："我是很重视成就感的人，成功实现自己的创新目标可以带给我成就感。"

被访者 B 则表示："我是个责任心很强的人，我觉得医生工作要特别谨慎，不能出现差错，因此特别看重工作质量，经常指出新进医生工作中的问题，还提出了'传帮带'的工作方式，就是为了尽快提高新进医生的能力，避免失误。"访谈者 D 也提道："发现了会影响工作的问题我都会提出来，这是为了单位好，是负责任的表现。"访谈者 R 谈到自身主动工作行为时说道："我比较内向，一般不会去提建议，就是默默干活型，所以我主要是做些问题预防行为，尽力把工作做好是我认为最重要的。"

（四）团队因素对员工主动工作行为的影响

在访谈过程中，发现团队因素也会对员工主动工作行为产生重要影响。如果员工所在团队具有良好的主动工作氛围，团队集体的授权感、自主工作意识较强，在良好氛围的带动下，员工自身的授权感和工作主动性也会得到提高。反之，如果团队其他成员都表现得被动消极，基于从众心理，员工为了不显得格格不入，就会减少主动工作行为。

例如，被访者 L 指出自己本来是个很直率的人，过去看到问题就会指出来，但是换到现在单位后，发现现在单位的氛围就是保持"和谐"，互相不说"坏话"，干什么都等待领导指示，领导没说的绝对不做。所以，为了不做"被枪打的出头鸟"，L 也什么都不说、什么都不做。

被访者 E 谈到自己的主动工作表现也与团队氛围有关："科里同事的自主工作能力都很强，领导对我们科也比较放心，一般不怎么干涉，所以主动工作在我们科比较常见，算是有这种氛围吧。"E 描述道："举个例子，去年有个患者因为瘫痪，需要医院出诊到家做穿刺，但是很多家医院都拒绝了。患者家属找到我们，我们检验科当天值班的同事就简单讨论了一下，一方面相信我们的技术在患者家完成穿刺肯定没问题；另一方面觉得急患者之所急才是医生应该做的，所以就内部调整了一下门诊工作安排，我去出诊了。"

被访者 J 提到自己是做技术的，头脑风暴特别重要，于是 J 的团队经常自发组织各种讨论会，大家坐在一起讨论交流。J 认为："大家都在积极发言，要是我总是不参与，就会显得很奇怪，所以为了能在会上有所表现，我会提前收集信息、积极思考方案，然后拿到讨论会上去。久而久之，成了习惯，现在没事也会主动去搜索、关注新技术、新动向。"

此外，在深度访谈中，被访者也提到了物质奖励、畅通的晋升渠道、领导的支持等会影响其主动工作意愿，但这并非本研究关注的重点，故不做具体讨论。

二、探索性研究的主要发现

归纳上述研究结果，本书探索性研究主要获得了四个方面的发现。

第一，领导对员工主动工作行为的关键作用得到验证，授权型领导风格有助于促进员工主动工作行为。

在访谈中，所有被访者都指出，领导在其主动工作行为过程中扮演着重要角色，这表明领导对员工主动工作行为的重要影响得到了被访者的普遍认可，验证了本书初期模型的合理性。同时，访谈信息显示，下放权力、鼓励参与决策、提供帮助与指导，以及情感关怀都是领导促进员工主动工作行为的有效手段。Arnold等（2000）将授权型领导风格概括为以身作则、参与决策、提供指导、共享信息和关心下属五个方面，这与访谈所获取的信息十分符合，所以本研究认为，强调与下属分享权力的授权型领导是促进员工主动工作行为的有效领导风格。

第二，心理授权与下属对领导信任是促进主动工作行为的关键心理认知。

首先，根据访谈结果，员工对自身能力的信心、对自主工作权、工作意义和影响力的感知都有助于提高员工的主动工作意愿，这与心理授权的概念比较一致：根据定义，心理授权是个人对自我效能、工作意义、工作影响力和工作自主性四个维度的综合认知（Spreizer，1995），因此，本研究认为员工的心理授权体验对员工主动工作行为有促进作用。其次，访谈结果显示，员工对领导的信任感也是影响其主动工作行为的重要因素，对领导抱有较强信任感强的员工会更积极地参与主动工作行为。

第三，员工个人特质会影响其主动工作行为选择，特质性调节焦点可能对员工主动工作行为有重要影响。

访谈结果肯定了个人特质对员工主动工作行为的影响，并发现不同个性特征的员工在主动工作行为间会存在一定倾向性。例如，喜欢挑战、乐于创新、追求成就感的员工会愿意积极投入到创新行为和促进性建言行为之中，而认真严谨、有很强责任心、追求工作安全的员工会积极采取问题预防行为，并愿意提出抑制性建言。从这一角度来看，本研究认为特质性调节焦点可能对员工主动工作行为有重要影响。根据调节焦点理论，促进型调节焦点会激发个人对进步、成就的追求，提高个人对变革与创新的偏好；防御型调节焦点则会激发个人对责任、安全的追求，促使个人努力避免损失和错误。因此，本研究认为，在调节焦点上的差异可能会影响员工主动工作行为的选择。

第四，不应忽视团队因素对员工主动工作行为的影响。

访谈结果显示，主动工作行为的影响因素并非只在员工层次，团队集体的授权感也会影响员工个人表现出的主动工作行为。因此，在研究员工个人主动工作行为时，有必要同时关注员工和团队两个层次上的影响因素，不应忽视团队过程对员工主动工作行为的作用。

第二章 相关研究理论的回顾和评述

以探索性研究结果为依据，本章对授权型领导、心理授权、团队授权、员工对领导信任以及特质性调节焦点等相关理论的研究现状进行回顾与梳理，为最终模型的构建与研究假设的提出奠定理论基础。

第一节 授权型领导

一、授权型领导的概念

回顾管理实践领域中的"授权"概念，可以发现有关工作授权的已有文献能够归纳为两种不同的研究角度。一种关注如何通过改善组织授权的控制系统结构、相关政策和实践来提高工作中的实际授权程度，称为社会结构视角或情境视角。这一视角以社会交换与社会权力理论为基础，以实现上级与下属间的权力、决策与资源分享为核心，这一类型的授权形式也称为关系型授权。另一种关注个人对自己在组织中的角色以及对工作的态度与感知，称为心理视角。这一视角将授权看作是一种能够提高员工授权知觉的心理过程，是一种内源性激励。不同于结构视角的授权强调实际权力与责任在上下级间的过渡，心理视角的授权反映了员工对自己被授权程度的主观感知和体验。概括地来说，心理视角的授权是结构视角授权在个人内心知觉上的反映，结构授权是心理授权的前提条件。

授权型领导正是基于社会结构视角的一个典型授权概念。本书对国内外相关研究中采用的授权型领导定义进行了整理归纳，如表2-1所示。

表2-1　授权型领导的定义归纳

作　者	年　份	定　义
Conger和Kanungo	1988	授权型领导是管理者与下属分享权力的一个过程
Arnold等	2000	授权型领导是管理授权型团队所需的有效领导行为

续　表

作　者	年　份	定　义
Pearce和sims	2002	授权型领导是强调开发员工自我管理和自我领导能力的一种领导风格
Liu, Lepak, Takeuchi和Sims	2003	授权型领导是以开发员工自我控制能力、鼓励员工参与决策和大幅提高员工创新与自主行动力为目标的领导风格
Srivastava等	2006	授权型领导是通过与下属分享权力，提高下属内在动机的一系列领导行为
Zhang和Bartol	2010	授权型领导是领导通过实施各种有效措施，与员工分享权力的过程，具体措施包括描述工作的重要性、提供决策自主权、表达对员工能力的信心和去除影响绩效的障碍
Gao,Janssen&Shi	2011	授权型领导是与员工分享权力、自主性和责任，从而促进和激励员工更好地接受并适应其所在工作环境的一系列领导行为
Zhang and Zhou	2014	授权型领导反映了主管会在多大程度上表达其对下属能力的信心、强调下属工作的重要性、鼓励员工参与决策过程以及减少和排除员工的行政束缚
Amundsen和Martinsen	2014	授权型领导是领导通过与下属分享权力、激发工作动机和支持员工发展影响下属的一个过程，其目的在于促进员工对自身能力、工作动机和自立性的体验，从而令员工在组织目标和战略的框架下自主工作
王辉等	2008	授权型领导是领导赋予员工权力的一组管理行为，这种行为能够激发员工的内在动机，给员工和组织带来益处

资料来源：本研究整理。

从表中可以看出，虽然研究者对授权型领导的界定并不完全一致，但是概括来看，授权型领导的核心在于下放权力，致力于实现上下级间的权力、责任和自主性分享，这是授权型领导风格有别于其他常见领导风格的关键所在。Pearce 和 Sims（2002）、Sims、Faraj 和 Yun（2009）、Liu 等（2003）的系列研究对授权型领导与其他常见领导风格的差异进行了比较，从理论和实证的角度揭示了授权型领导是不同于其他领导风格的一种新的领导范式。基于他们的研究，本书对授权型领导与厌恶型领导、指示型领导、变革型领导和交易型领导这四种常见领导类型的差异进行了整理，如表 2-2 所示。

表2-2 四种领导理论的比较

领导理论	理论基础	典型行为	优势	局限性	适用情境
授权型领导	行为的自我管理理论，社会认知理论，认知行为矫正理论，参与式目标设定理论	鼓励独立行为、机会思维、自我发展、自我奖励和目标设定参与	员工在没有领导的情况下仍能保证良好绩效	在初始阶段可能产生混乱和挫折	期望提高员工的长期绩效表现，期望增强员工的自信心、工作能力和创新能力
指示型领导	X理论，俄亥俄学派定规理论，密歇根学派任务导向行为理论	指示、命令，指派工作目标	工作的目标和要求明确	员工灵活性低，创新性低	工作目标明确，领导较员工更具经验，短期目标的实现比员工长期发展更重要
变革型领导	魅力的社会学研究，魅力型领导理论，Burns变革型领导理论，Bass变革型领导理论	提供愿景，表达理想主义，激励性沟通，高绩效预期	激发员工工作热情，改进组织内成员间的关系，促进员工的长期承诺	领导离开后下属可能丧失工作动机，可能产生误导	需要高绩效表现或出现危机
交易型领导	期望理论，公平理论，路径—目标理论，交换理论	个人奖励，物质奖励，主动/被动例外管理	有效激励员工以实现明确的既定目标	员工情绪和创新能力较低，员工的工作动机取决于奖励	领导对下属具有控制力，员工的离职率较低，且下属希望获得奖励

资料来源：根据以下资料整理。

Pearce, C. L., Sims, H. P.. Vertical versus shared leadership as predictors of the effectiveness of change management teams: An examination of aversive, directive, transactional, transformational, and empowering leader behaviors[J]*Group Dynamics*：*Theory, Research, and Practice*, Vol.6,No.2(2002),pp.172 － 197.

Sims, H. P., Faraj, S., Yun, S.. When should a leader be directive or empowering? How to develop your own situational theory of leadership[J]*Business Horizons*, Vol.52,No.2(2009),pp. 149 － 158.

Liu, W., Lepak, D. P., Takeuchi, R., et al.. Matching leadership styles with employment modes: strategic human resource management perspective[J].*Human Resource Management Review*, Vol.13,No.1(2003),pp. 127 － 152.

二、授权型领导的结构与维度

学术界关于授权型领导结构与维度的研究起步较晚，一般认为 Arnold 等（2000）开发的授权型领导问卷（ELQ）是针对这一问题的首次探索。Arnold 及其同事从授权型团队角度出发，在大量深度访谈基础上，提出授权型领导是一个包含了以身作则、决策参与、指导、信息共享和关怀／团队互动五个维度的构念[①]。他们提出的五维结构受到了国内外研究者的普遍认可，在之后的相关研究中应用十分广泛（如 Gao 等，2011；Martínez-Córcoles 等，2013；韦慧民、龙立荣，2011）。

Konczak 等（2000）将授权型领导划分为权力下放、责任承担、决策自主、信息共享、技能发展和创新指导六个维度[②]。相较于 Arnold 的量表立足于授权型团队角度，Konczak 的研究更侧重于传统组织情境。

Pearce 和 Sims（2002）以超级领导理论为基础，将授权型领导划分为鼓励自我奖励、鼓励团队合作、参与目标设定、鼓励独立行为、鼓励机会思维和鼓励自我发展六个维度。这一维度划分方式主要应用于以超级领导理论为基础的授权型领导研究（如 Vecchio 等，2010），在基于中国情境的授权型领导实证研究中也有一些应用（如王永丽等，2009；林晓敏等，2014）。

Ahearne 等（2005）以 Conger 和 Kanungo（1988）的授权理论框架为依据，提出授权型领导应当包括提升工作的意义、促进决策参与度、表达对高绩效的信心和降低行政约束以提高自主性四个维度[③]，这一划分方式也受到了国内外学者的广泛认可（如 Wallace 等，2011；谢俊、汪林，2014；国维潇、王端旭，2014）。

---

① Arnold, J. A., Arad, S., Rhoades, J. A., et al.. The empowering leadership questionnaire：The construction and validation of a new scale for measuring leader behaviors[J]. *Journal of Organizational Behavior*, Vol.21,No.3(2000),pp.249－269.

② Konczak, L. J., Stelly, D. J., Trusty M L. Defining and Measuring Empowering Leader Behaviors：Development of an Upward Feedback Instrument[J]. *Educational and Psychological Measurement*, Vol.60,No.2(2000),pp.301－313.

③ Ahearne, M., Mathieu, J., Rapp, A.. To empower or not to empower your sales force? An empirical examination of the influence of leadership empowerment behavior on customer satisfaction and performance[J]. *The Journal of applied psychology*, Vol.90,No.5(2005), pp. 945－955.

不同于上述四项研究提出的单层多维授权型领导结构，Amundsen 和 Martinsen（2014）在总结前人成果的基础上，主张将授权型领导视为一个多层次结构。他们认为授权型领导首先由自主支持和发展支持两个核心影响过程构成，然后自主支持又进一步包括了授权、效能感支持、鼓励主动性、鼓励关注目标、信息协调和启发六个二级维度；发展支持包括了指导和榜样两个二级维度[①]。此外，王辉等（2008）基于中国组织情境的研究发现，中国情境下的授权型领导结构可以分为个人发展支持、过程控制、权力委任、结果与目标控制、参与决策、工作指导六个维度[②]。

三、授权型领导的影响结果

（一）授权型领导对员工的影响

在工作绩效方面，丰富的实证研究结果证实了授权型领导对员工绩效有促进作用（Vecchio 等，2010）[③]，不过以往的研究主要假定授权型领导与绩效呈线性相关，Humborstad 等（2014）的近期研究发现这一关系也可能是 U 型的非线性形态：他们发现员工在高授权型领导下，绩效表现会显著高于在低授权型领导下的绩效表现，但是中等水平的授权型领导对下属绩效没有或仅存有限影响，甚至在某些情况下与下属工作绩效负相关[④]。这一研究结论说明维持高水平领导授权行为的必要性，因为中等或偶尔为之的领导授权行为，不仅不能有效提高员工的绩效表现，甚至可能产生负向作用。

[①] Amundsen, S., Martinsen, Ø. L.. Empowering leadership: Construct clarification, conceptualization, and validation of a new scale[J]. *The Leadership Quarterly*, Vol.25,No.3(2014),pp. 487－511.

[②] 王辉，武朝艳，张燕，等.领导授权赋能行为的维度确认与测量[J].心理学报，2008，40(12)：1297－1305.

[③] Vecchio, R. P., Justin, J. E., & Pearce, C. L.. Empowering leadership：An examination of mediating mechanisms within a hierarchical structure[J]. *The Leadership Quarterly*, Vol. 21, No.3(2010), pp.530－542.

[④] Humborstad, S. I. W., Nerstad, C. G., Dysvik, A.. Empowering leadership, employee goal orientations and work performance：A competing hypothesis approach[J].*Personnel Review*, Vol.43,No.2(2014),pp.246－271.

在工作行为方面，Raub 和 Robert（2010）的研究表明，授权型领导不仅对下属的角色内行为正向相关，同时也能够促进下属的挑战性和亲和性角色外行为；并且在授权型领导对上述行为的影响过程中，角色内行为和亲和性角色外行为会受到授权型领导的直接影响，而授权型领导对挑战性角色外行为的影响则要通过心理授权的中介[①]。Martínez-Córcoles 等（2013）发现授权型领导可以有效增加员工的高安全承诺行为与高安全参与行为，同时降低员工的冒险行为[②]。Xue 等（2011）发现授权型领导与员工的知识共享行为正向相关[③]；Zhang 和 Zhou（2014）则发现授权型领导可以通过提高员工的创新效能感提高员工的创造力[④]。

在工作态度方面，相关实证表明，授权型领导对下属的工作满意度和领导满意度都有显著正向影响[⑤]。Albrecht 和 Andreetta（2011）发现授权型领导有助于增强员工的工作投入度，进而提高员工的情感承诺，降低离职意愿[⑥]。

① Raub,S. Robert,C..Differential effects of empowering leadership on in-role and extra-role employee behaviors: Exploring the role of psychological empowerment and power values[J].*Human Relations*, Vol.63,No.11(2010),pp. 1743－1770.

② Martínez-Córcoles, M., Gracia, F. J., Tomás, I., et al.. Empowering team leadership and safety performance in nuclear power plants：A multilevel approach[J].*Safety Science*, Vol.51,No.1(2013),pp. 293－301.

③ Xue, Y., Bradley, J.. Liang, H., Team climate, empowering leadership, and knowledge sharing[J]. *Journal of Knowledge Management*, Vol.15,No.2(2011), 299－312.

④ Zhang, X., Zhou, J.. Empowering leadership, uncertainty avoidance, trust, and employee creativity：Interaction effects and a mediating mechanism[J].*Organizational Behavior and Human Decision Processes*, Vol.124,No.2(2014),pp. 150－164.

⑤ Tekleab, A. G., Sims, H. P., Yun, S., et al.. Are we on the same page? Effects of self-awareness of empowering and transformational leadership[J].*Journal of Leadership & Organizational Studies*, Vol.14,No.3(2007),pp.185－201.

⑥ Albrecht, S. L., Andreetta, M.. The influence of empowering leadership, empowerment and engagement on affective commitment and turnover intentions in community health service workers：Test of a mode[J].*Leadership in Health Services*, Vol.24,No.3(2011),pp. 228－237.

（二）授权型领导对团队的影响

虽然授权型领导一直被视为是提高团队效能的重要途径之一，但是相较对员工的影响，关于授权型领导对团队过程与绩效的影响效果研究无论是在数量上还是广度上都存在一定差距。现有研究主要聚焦于授权型领导对团队绩效的促进作用上。Srivastava 等（2006）发现，授权型领导通过促进团队内部的知识共享，可以有效提高团队绩效水平[①]；Wallace 等（2011）的研究则表明，授权型领导对销售额和服务绩效的正向影响只有在员工的责任心较强时才会显著[②]。我国学者王永丽等（2009）的研究也证实了授权型领导对团队绩效的促进作用，并且发现垂直式授权型领导行为和共享式授权型领导行为都会对团队绩效产生积极作用，其中共享式授权型领导行为的预测效果更为显著[③]；但是 Ensley 等（2006）的类似研究得到了不一致的结果，他们发现共享式授权型领导确实与团队绩效正向相关，但是垂直式授权型领导与团队绩效呈现出负向相关关系[④]。Lorinkova 等（2013）跟踪比较了指示型领导和授权型领导对团队绩效的影响，他们的研究显示，授权型领导对团队绩效的促进作用可能受到团队发展阶段的影响：在团队发展的初期，指示型领导风格对团队绩效的促进作用要明显优于授权型领导，但随着团队发展的深化，在授权型领导风格管理下的团队绩效终将超过指示型

---

① Srivastava, A., Bartol, K. M., Locke, E. A.. Empowering leadership in management teams: Effects on knowledge sharing, efficacy, and performance[J]. *Academy of Management Journal*, Vol.49,No.6(2006), pp.1239－1251.

② Wallace, J. C., Johnson, P. D., Mathe, K., et al.. Structural and psychological empowerment climates, performance, and the moderating role of shared felt accountability: a managerial perspective[J]. *Journal of Applied Psychology*, Vol.96, No.4 (2011), p. 840.

③ 王永丽，邓静怡，任荣伟.授权型领导、团队沟通对团队绩效的影响[J].管理世界，2009(04)：119－127.

④ Ensley, M. D., Hmieleski, K. M., Pearce, C. L.. The importance of vertical and shared leadership within new venture top management teams: Implications for the performance of startups[J]. *The Leadership Quarterly*, Vol.17,No.3(2006), pp. 217－231.

领导的团队[①]。他们研究结果体现了授权型领导可能更加有利于团队长期绩效的提高，而对新创组织与团队的作用在初期可能并不明显。

除了团队绩效，一部分研究者也对授权型领导在团队层次上的其他影响效果进行了一定的探索。例如 Kirkman 和 Rosen（1999）发现实施授权型领导有助于提高团队的工作满意度和团队的组织承诺水平；Pearce 和 Sims（2002）的研究显示授权型领导能够提高团队效能[②]。

第二节　心理授权与团队授权

一、心理授权的概念与结构

如上节所述，工作授权理论存在结构和心理两种研究视角。从个人心理体验的角度来定义授权概念，就是心理授权。

1988 年，Conger 和 Kanungo 以社会认知理论为基础，指出由上至下的权力转移并不能保证授权的效果，只有当员工在心理上感觉到自己被授权了，结构授权的影响才能生效，并由此提出了心理授权的概念。根据他们的定义，心理授权是组织通过一系列措施来增强员工自我效能感的过程[③]。Conger 和 Kanungo 的研究奠定了心理授权理论的基础，但是他们对心理授权的单维结构界定受到了后续研究者的质疑。

Thomas 和 Velthouse（1990）在前者研究的基础上，提出心理授权是个体感知到自己被授权的一种心理状态或认知的综合体[④]。他们将内源性动机看作是授权的核心，认

① Lorinkova, N. M., Pearsall, M. J., & Sims, H. P.. Examining the differential longitudinal performance of directive versus empowering leadership in teams[J].*Academy of Management Jurnal*, Vol.56,No.2(2013),pp. 573－596.

② Kirkman, B. L., Rosen, B.. Beyond self-management：Antecedents and consequences of team empowerment.*Academy of Management journal*, Vol.42,No.1(1999),pp. 58－74.

③ Conger, J. A., Kanungo, R. N., The empowerment process: Integrating theory and practice[J]. *Academy of management review*, Vol.13,No.3(1988),pp. 471－482.

④ Thomas, K. W., & Velthouse, B. A.. Cognitive elements of empowerment：an "interpretive"

为内源性动机的形成源于个人对四种任务评价的认知过程，进而提出心理授权实际上是一个多维结构，包含了胜任力、工作意义、工作影响力和工作选择性四个方面的任务评价。Spreizer（1995）结合心理学、社会学等学科的相关研究成果，进一步将心理授权的四个维度重新定义为自我效能感、工作意义、工作自主性与工作影响力，并且强调这四个维度构成了心理授权的本质，四者缺一不可[①]。

此外，除了在已有文献中普遍采用的四维结构，也有一些学者提出心理授权是一个三维的构念。例如，Fulford 和 Enz（1995）认为心理授权具有自我效能感、工作意义与工作影响力三个维度[②]；Menon（2001）则将心理授权界定为包含了目标内化、控制感和胜任感三个维度的认知过程[③]。

二、心理授权的影响因素

首先，在个人特质上，已有研究显示，较高水平的自尊有助于提升心理授权水平[④]；核心自我评价特征也对心理授权存在正向影响[⑤]。此外，Spreitzer（2008）指出大五人格中的开放性可能对心理授权的工作影响力维度有正向影响，尽责性对自我效能感

model of intrinsic task motivation[J].*Academy of Management Review*, Vol.15,No.4 (1990),pp. 666－681.

① Spreitzer, G. M.. Psychological empowerment in the workplace：Dimensions, measurement, and validation[J].*Academy of management Journal*, Vol.38,No.5(1995),pp. 1442－1465.

② Fulford, M. D., Enz, C. A.. The impact of empowerment on service employees[J]. *Journal of Managerial Issues*, Vol.7,No.2 (1995), pp. 161－175.

③ Menon, S.. Employee Empowerment: An Integrative Psychological Approach[J].*Applied Psychology*, Vol.50, No.1 (2001), pp. 153－180.

④ Wang, J., Zhang, D., Jackson, L. A.. Influence of self - esteem, locus of control, and organizational climate on psychological empowerment in a sample of Chinese teachers[J]. *Journal of Applied Social Psychology*, Vol.43,No.7 (2013), pp. 1428－1435.

⑤ Seibert, S. E., Wang, G., Courtright, S. H.. Antecedents and consequences of psychological and team empowerment in organizations：a meta-analytic review[J].*Journal of Applied Psychology*, Vol.96,No.5(2011),pp. 981－1003.

维度有正向影响，而神经质与自我效能感、工作意义维度可能负向相关[①]。

其次，在工作特征上，Kraimer 等人（1999）探讨了 Hackman 和 Oldham 提出的工作特征模型与心理授权各维度间的联系，发现工作任务的自主性与心理授权的自我决定维度相关，任务的反馈性与心理授权的自我效能感和工作影响力维度有关，任务的重要性则与员工体验到的工作意义维度有关[②]。在其他工作特征方面，Wallach 和 Meuller（2006）验证了角色模糊性对心理授权的负向作用，并且发现角色过载同样会降低心理授权[③]。

再次，在领导影响上，研究显示领导与下属的关系质量与下属的心理授权正向相关，当员工与领导间具有高质量的交换关系时，员工的心理授权就会显著增强[④]。下属对领导的信任感同样能够促进下属的心理授权，其中认知信任被认为对心理授权的工作意义与自我效能感维度存在影响，情感信任仅与心理授权的工作影响力维度尤为相关[⑤]。在领导风格与心理授权的关系研究方面，已有研究发现变革型领导、授权型领导

---

① Spreitzer, G.M.. *Taking stock: A review of more than twenty years of research on empowerment at work*[M]//.In Barling, J., Cooper, C.L.(eds.).*Handbook of organizational behavior*.CA：Sage, 2008, pp. 54－72.

② Kraimer, M. L., Seibert, S. E., Liden, R. C.. Psychological empowerment as a multidimensional construct：A test of construct validity[J].*Educational and Psychological measurement*, Vol.59,No.1(1999),pp.127－142.

③ Wallach, V. A., & Mueller, C.W..Job characteristics and organizational predictors of psychological empowerment among paraprofessionals within human service organizations[J].*Administration in Social Work*, Vol.30,No.1(2006), pp.95－115.

④ 李燕萍，涂乙冬.与领导关系好就能获得职业成功吗？一项调节的中介效应研究[J].心理学报，2011，43(08)：941－952.

⑤ Ergeneli, A., Sag, G., Ari, I. and Metin, S.. Psychological empowerment and its relationship to trust in immediate managers[J] *Journal of Business Research*, Vol.60, No.1(2007),pp. 41－56.

和参与型领导等多种积极型领导风格对心理授权均存在促进作用[1][2]。

最后，在组织环境特征上，Wang（2014）发现组织中的专业交流氛围、决策参与氛围和职业成长氛围都能够有效预测心理授权；Spreitzer（1996）发现组织中的社会政治支持、信息获取的容易程度、组织和上级领导的控制幅度都与员工的心理授权水平相关[3]；张华等（2014）的研究则显示，组织中的授权氛围是促进员工心理授权的重要影响因素[4]。

三、心理授权的影响结果

在员工态度上，刘德秀等（2015）发现心理授权与员工工作满意度和忠诚度均显著正相关[5]；李超平等（2006）从心理授权具体维度的角度出发，发现心理授权的工作自主性和工作意义维度与个人工作满意度、组织承诺正相关，工作意义维度与离职意向、工作倦怠感负相关[6]。陈浩（2010）的研究表明心理授权的四个维度都能够促进员工的组织认同[7]。在员工绩效上，大量研究显示，心理授权对众多工作情境下的员工绩效都有促进作用（王顺江等，2012；Chiang 和 Hsieh，2012）[8]。

---

[1] 孙春玲，张梦晓，安珣.维度分化视角下变革型领导对心理授权的激励作用研究[J].中国软科学，2015(10)：166－176.

[2] 李绍龙，龙立荣，朱其权.同心求变：参与型领导对员工主动变革行为的影响机制研究[J].预测，2015，34(03)：1－7.

[3] Spreitzer,G.M.. Social Structural Levers for Workplace Empowerment[J]. *Academy of Management Journal*,Vol.39,No.2 (1996), pp.483－504.

[4] 张华，孙春玲，安珣，等.授权氛围、心理授权与知识员工主动性的关系研究[J].预测，2014，33(03)：69－74.

[5] 刘德秀，秦远好，徐姿.基于心理授权的主题公园酒店员工忠诚度研究[J].西南大学学报(自然科学版)，2015，37(10)：145－151.

[6] 李超平，李晓轩，时勘，等.授权的测量及其与员工工作态度的关系[J].心理学报，2006(01)：99－106.

[7] 陈浩.心理授权与组织认同的关系研究[J].经济纵横，2010(07)：119－122.

[8] Chiang, C. F., Hsieh, T. S.. The impacts of perceived organizational support and psychological

在员工行为上，创新行为是近年来研究者关注的一个热点。李燚、黄蓉（2014）等众多研究者均发现，心理授权是提高员工创新行为的重要影响因素[①]。杨春江等（2015）不少学者的研究证实心理授权可以有效增加员工的组织公民行为[②]；Wat 和 Shaffer（2005）对心理授权具体维度与组织公民行为的关系进行了研究，发现心理授权的工作意义维度与组织公民行为的文明礼貌维度尤为相关，自我效能感与组织公民行为的运动员精神和责任意识相关，自我决定维度则与利他行为有关，最后工作影响力维度与责任意识有关[③]。此外，Frazier 和 Fainshmidt（2012）的研究显示，心理授权对员工建言行为也存在促进作用[④]。

四、团队授权的概念和研究现状

Hyatt 和 Ruddy（1997）借鉴 Spreitzer 在个人层次心理授权领域的研究成果，将团队授权定义为团队成员在多大程度上能够自主解决与团队相关的问题、对工作决策结果做出解释、对决策承担责任以及相信团队有能力完成工作决策的评价[⑤]。Kirkman 和

---

empowerment on job performance: the mediating effects of organizational citizenship behavior[J]. *International Journal of Hospitality Management*, Vol.31, No.1(2012), pp.180－190.

① 李燚，黄蓉.研发人员心理授权与创新绩效：内在工作动机与控制点的作用研究[J].华东经济管理，2014，28(02)：116－120.

② 杨春江，蔡迎春，侯红旭.心理授权与工作嵌入视角下的变革型领导对下属组织公民行为的影响研究[J].管理学报，2015，12(02)：231－239.

③ Wat, D., Shaffer, M. A.. Equity and relationship quality influences on organizational citizenship behavior：the mediating role of trust in the supervisor and empowerment[J]. *Personnel Review*, Vol.34,No.4(2005),pp. 406－422.

④ Frazier, M. L., Fainshmidt, S.. Voice climate, work outcomes, and the mediating role of psychological empowerment a multilevel examination[J]. *Group & Organization Management*, Vol.37, No.6(2012), pp.691－715.

⑤ Hyatt, D. E., Ruddy, T. M.. An examination of the relationship between work group characteristics and performance: once more into the breach[J]. *Personnel Psychology*, Vol.50,No.3 (1997), pp. 553－585.

Rosen（1997）则将团队授权界定为团队成员对团队工作与工作环境所做出的积极的集体评价，以及因此而增加的工作激励。他们强调，团队授权是在团队互动与合作过程中形成的、集体层次上的授权感知，所以不能将其视为团队成员在个体层次上的心理授权的简单加总[①]。

在团队授权的结构上，Kirkman 和 Rosen（1997）提出的团队授权四维度结构受到了后来学者的广泛认可。根据他们的界定，团队授权包括团队工作意义、团队效能、团队影响力和团队自主性四个维度。团队效能对应个人心理授权的自我效能感维度，反映团队成员对团队有效性的集体认知。团队效能与自我效能感存在至少三个方面的不同：首先，自我效能感是个人的自我体验，而团队效能是集体的共同感知；其次，自我效能感关注的是个人工作绩效，团队效能则关注团队的绩效表现；最后，自我效能感是对自己是否能够胜任某一具体任务的判断，团队效能则涉及更加宽泛、概括的工作有效性。团队工作意义反映团队成员的集体认知在多大程度上认为本团队的任务是重要、有价值和值得做的。团队成员间的互动与交流会影响团队成员对团队工作意义的体验。团队影响力反映团队成员感觉到本团队工作对组织而言的重要程度。与仅靠个人相比，团队成员通过彼此的互动，能够从其他员工和客户那里获得更多有关团队影响力的信息，从而建立更好的团队影响力认知。团队自主性反映团队成员感受到本团队所拥有的自由、独立性和自主决定权程度。团队自主权不同于个人自主权，甚至在某些情况下可能会削弱个人自主权，因为当团队具有较高水平的自主权时，重要的决策会由团队成员共同决定，从而降低了个人自主决策的水平[②]。此外，Hechanova-Alampay 和 Beehr（2001）认为团队授权是团队成员所感知到的对工作结果的权力与责任，即认为团队授权应当包含权力体验与责任体验两个维度[③]。我国学者王国猛等

[①] Kirkman, B. L., Rosen, B.. A model of work team empowerment[J]. *Research in Organizational Change and Development*, Vol.10,No.10 (1997), pp.131－167.

[②] Uhl-Bien, M., Graen, G. B.. Individual self-management：analysis of professionals' self-managing activities in functional and cross-functional work teams[J]. *Academy of Management Journal*, Vol.41,No.3(1998),pp. 340－350.

[③] Hechanova-Alampay, R., & Beehr, T. A.. Empowerment, span of control, and safety performance

（2012）对中国情境下的团队授权维度进行了探索，提出中国情境下的团队授权结构包括工作导向授权体验与能力导向授权体验两个维度[①]。

目前，有关团队授权影响因素与影响结果的实证研究还不算丰富，已有研究主要关注团队授权对团队绩效的影响作用。相关研究表明，团队授权确实是促进团队绩效的重要前因变量（如 Seibert 等，2011；Maynard，2012）。

在其他方面，Kirkman 和 Rosen（1999）的研究显示，外在领导行为、生产 / 服务责任、基于组织的人力资源政策和组织结构都对团队授权水平存在影响，团队授权则能够带来一系列团队层次上的积极结果，例如提高团队的生产力、客户服务质量、团队工作主动性、团队工作满意度、团队的组织承诺与团队承诺；Mathieu、Gilson 和 Ruddy（2006）的实证研究发现，组织支持、对培训的支持、支持员工自主决策的工作设计都能促进团队授权，团队授权通过激发积极的团队过程，对客户满意度和团队绩效表现产生正面影响[②]；Seibert 等（2011）的元分析结果表明，团队的高绩效管理实践、社会政治支持、支持型领导风格和团队的工作特征都与团队绩效显著正相关；Maynard（2012）的研究则显示，结构授权、组织支持和外部管理支持都对团队授权存在促进作用，且团队授权与团队绩效和团队成员的情感反应正向相关[③]。此外，王国猛等（2010）发现，团队授权对团队主动性也有促进作用，组织公民行为在团队授权与团队主动性间有完全的中介作用[④]。

---

in work teams after workforce reduction[J]. *Journal of Occupational Health Psychology*, Vol.6,No.4 (2001), pp. 275－282.

① 王国猛，郑全全，赵曙明.团队心理授权的维度结构与测量研究[J].南开管理评论，2012，15(02)：48－58.

② Mathieu, J. E., Gilson, L. L., Ruddy, T. M.. Empowerment and team effectiveness: an empirical test of an integrated model[J]. *Journal of Applied Psychology*, Vol.91,No.1(2006),pp. 97－108.

③ Maynard, M. T., Gilson, L. L., Mathieu, J. E.. Empowerment——fad or fab? A multilevel review of the past two decades of research[J]. *Journal of Management*, Vol.38,No.4(2012),pp. 1231－1281.

④ 王国猛，郑全全，黎建新，等.团队心理授权、组织公民行为与团队主动性关系的实证研究[J].科学学与科学技术管理，2010，31(01)：157－161.

第三节 下属对领导信任

一、信任与下属对领导信任的概念

自 1900 年德国学者齐美尔率先将信任概念引入社会学领域以来，信任在社会学、心理学、经济学和管理学等多种学科中的理解与应用问题引起了广泛关注。研究者从不同的研究领域和视角出发，提出了各有侧重的信任概念。著者对管理学领域中引用较多的信任定义进行了整理，具体如表 2-3 所示。

表2-3 信任的定义归纳

作　者	年　份	定　义
Deutsch	1958	信任是当个人面临预期损失大于预期得益的不确定状态时，所做出的一种非理性选择
Zucker	1986	信任是指一方对另一方行为的预期和可预期性具有信心
Sable	1993	信任是指交往双方相信彼此不会利用对方弱点的信心
Mayer，Davis和Schoorman	1995	信任是指一方接受自己因另一方的行为而处于脆弱境地的意愿，这种意愿是基于不管自己是否有能力监控对方，都相信对方会采取某项对信任方很重要的行动的预期
McAllister	1995	信任是出于对他人语言和行为预期的信心，而采取的相应行动
Rousseau等	1998	信任是基于对他人意图和行为的良好预期，信任方愿意将自己置于易受伤害的地位的一种心理状态

资料来源：本研究整理。

这些定义虽然在内容上不尽相同，但都体现了信任的三个核心要素：第一个是信任方与被信任方之间的相互依赖关系：信任可以存在于各种层面之上，但是信任的产生需要存在信任双方，并且双方的行为会对彼此产生影响；第二个是信任方接受风险和脆弱性的意愿：在缺少对被信任方的监督和控制的情况下，信任方仍然愿意因对方的行为而将自己置于风险和易受伤害的位置上，这是建立信任的关键所在；第三个是信任方的积极心理预期：只有当信任方对被信任方的善意抱有积极预期，相信对方不会去伤害自己的利益时，信任才能够产生。

具体到下属对领导信任，Mayer 等（1995）强调下属对领导的信任取决于领导行为在多大程度上符合下属的需要和期待[①]。更多的学者在研究中选择采用 Rousseau 等（1998）提出的信任定义来界定下属对领导的信任（如 Dirks 和 Ferrin，2002、Burke 等，2007），即将下属对领导信任界定为员工基于对领导意图和行为的良好预期，愿意将自己置于易受伤害的地位的一种心理状态[②]。

二、下属对领导信任的相关研究

下属对领导信任属于组织信任的范畴，也是组织信任研究领域最常讨论的一种信任类型。国内外研究者就下属对领导信任的影响因素与影响效果问题开展了一系列的讨论。

在下属对领导信任的影响因素方面，Dirks 和 Ferrin（2002）将下属对领导信任的前因变量概括为领导行为与实践特征、下属特征以及上下级关系特征三个类别[③]。在领导行为特征方面，变革型领导是最常与下属对领导信任相联系的领导行为变量，大量研究显示，变革型领导通过提高下属对领导的信任水平，可以获得许多积极结果[④]。近年来的研究发现，其他积极领导风格，例如真实型领导、参与型领导等，也是有效提

---

① Mayer, R. C., Davis, J. H., Schoorman, F. D.. An integrative model of organizational trust[J]. *Academy of management review*, Vol.20,No.3(1995),pp. 709－734.

② Rousseau, D. M., Sitkin, S. B., Burt, R. S., et al.. Not so different after all: A cross-discipline view of trust[J]. *Academy of management review*, Vol.23,No.3(1998),pp.393－404.

③ Dirks, K. T., Ferrin, D. L.. Trust in leadership: meta-analytic findings and implications for research and practice[J]. *Journal of applied psychology*, Vol.87,No.4(2002),pp. 611－628.

④ 冯彩玲，张丽华.变革型领导、交易型领导、信任和工作绩效的关系——以基层公务员为例[J].兰州学刊，2011(03)：46－50.

升下属对领导信任的重要前因变量[①]。此外，Pillai 等（2011）的研究表明，下属对领导信任与组织的程序公平和分配公平程度正向相关[②]；Ambrose 和 Marshall（2003）则发现互动公平也可以提高下属对领导的信任[③]。

有关下属特征和上下级关系特征对于下属对领导信任的影响研究相对较少，已有研究成果显示，下属对信任的倾向性与下属对领导信任正向相关（Dirks 和 Ferrin，2002），高质量的领导成员交换质量能够显著促进下属对领导的信任[④]。

在下属对领导信任的影响结果方面，丰富的研究成果表明下属对直接主管和高层领导的信任都可以有效提高员工的个人绩效表现[⑤]。韦慧民和龙立荣（2009）发现主管认知信任和情感信任都会促进员工的任务绩效和组织公民行为，并且主管情感信任的作用要大于认知信任[⑥]。Alder、Noel 和 Ambrose（2006）的研究则发现下属对领导的信任可以有效增强员工的工作满意度和组织承诺，并显著降低他们的离职倾向[⑦]。

---

① Wang, D. S., Hsieh, C. C.. The effect of authentic leadership on employee trust and employee engagement[J]. *Social Behavior & Personality An International Journal*, Vol.41, No.4(2013),pp. 613－624.

② Pillai, R.,Kohles,J.C.,Bligh, M.C.,et al., Leadership in "Confucian asia"：a three-country study of justice, trust, and transformational leadership[J]. *Organization Management Journal*, Vol.8,No.4 (2011),pp. 242－259.

③ Ambrose, M. L., Marshall, S.. Organization structure as a moderator of the relationship between procedural justice, interactional justice, perceived organizational support, and supervisory trust[J]. *Journal of Applied Psychology*, Vol.88, No.2 (2003), pp. 295－305.

④ 李超平，鲍春梅.社会交换视角下的组织沉默形成机制：信任的中介作用[J].管理学报，2011，8(05)：676－682.

⑤ Chen, X. P., Eberly, M. B., Chiang, T. J., et al.. Affective trust in chinese leaders：linking paternalistic leadership to employee performance[J]. *Journal of Management*, Vol.40,No.3(2011),pp. 796－819.

⑥ 韦慧民，龙立荣.主管认知信任和情感信任对员工行为及绩效的影响[J].心理学报，2009，41(01)：86－94.

⑦ Alder, G. S., Noel, T. W., Ambrose, M. L.. Clarifying the effects of internet monitoring on job

此外，不少研究者发现，信任有助于构建团队内的交流通道，进而促进信息和知识的共享与交流[1]。Colquitt 等人（2007）的实证研究表明下属对领导信任可以促进员工的风险承担意愿，令员工更乐于投入风险性行为之中；Ng 和 Feldman（2013）、Gao，Janssen 和 Shi（2011）等学者的研究均显示信任与员工建言行为存在正向相关；Taştan 和 Davoudi（2015）则发现下属对领导的信任感有助于促进员工的创新行为[2][3]。

attitudes：the mediating role of employee trust[J]. *Information & Management*, Vol.43,No.7 (2006),pp. 894－903.

[1]　Levin, D. Z., Whitener, E. M., Cross, R.. Perceived trustworthiness of knowledge sources：The moderating impact of relationship length[J]. *Journal of Applied Psychology*, Vol.91,No.5(2006),pp. 1163－1171.

[2]　Colquitt, J. A., Scott, B. A., LePine, J. A.. Trust, trustworthiness, and trust propensity：a meta-analytic test of their unique relationships with risk taking and job performance[J]. *Journal of applied psychology*, Vol.92,No.4(2007),pp. 909－927.

[3]　Taştan,S.B.,Davoudi, S. M. M.. An examination of the relationship between leader-member exchange and innovative work behavior with the moderating role of trust in leader：a study in the turkish context[J]. *Procedia - Social and Behavioral Sciences*, Vol.181(2015), pp.23－32.

第四节　特质性调节焦点

一、调节焦点理论

Higgins（1997）通过总结前人的研究成果，在自我调节理论的基础上提出了调节焦点理论。根据自我调节理论，人的自我调节系统会致力于缩小现状与理想状态的差距[①]。以该思想为基础，Higgins 的调节焦点理论认为，人的行为动机受到两种不同自我调节系统的控制：一种是理想的自我调节系统，该系统会激活对理想型目标（即希望、志向和抱负）的追求，关注积极结果（如收益、奖励等）的存在与缺失，偏好采取各种接近方法，通过获得奖励和收益来实现理想状态，Higgins 称其为促进型调节焦点；另一种是应该的自我调节系统，该系统会激活对应该型目标（即职责、责任和义务）的追求，关注消极结果（如损失、处罚等）的缺失与存在，偏好采取规避手段，通过防御那些能够导致负面结果的情况，去实现理想的状态，称为防御型调节焦点[②]。

调节焦点理论认为，个人追求的最终目标都是实现理想状态，但是，所谓的理想状态可能会因人而异。对具有促进型调节焦点的个人而言，理想的最终状态是实现抱负和成就，他们将"获得"视为成功，而将"非得"看作失败。对具有防御型调节焦点的个人而言，理想的最终状态是实现责任和安全，他们将"非失"视为成功，而将"失去"看作失败。同时，在个人受到激励、努力朝着自己设定的理想状态前进的过程中，不同调节焦点倾向也会影响个人的行为策略偏好。促进型调节焦点令人对积极结果更加敏感，倾向于采取接近策略，努力接近和匹配自己设定的理想状态；而防御型调节焦点则令人对消极结果更加敏感，倾向于采取规避策略，尽可能地避免与理想状

---

① Carver, C. S., & Scheier, M. F.. *Attention and self- regulation A control-theory approach to human behavior*[M]. New York：Springer-Verlag, 1981.

② Higgins, E. T. Beyond pleasure and pain[J]. *American psychologist*, Vol.52No.12(1997),pp. 1280－1300.

态的不匹配。图 2-1 对促进型调节焦点与防御型调节焦点的差异进行了比较。

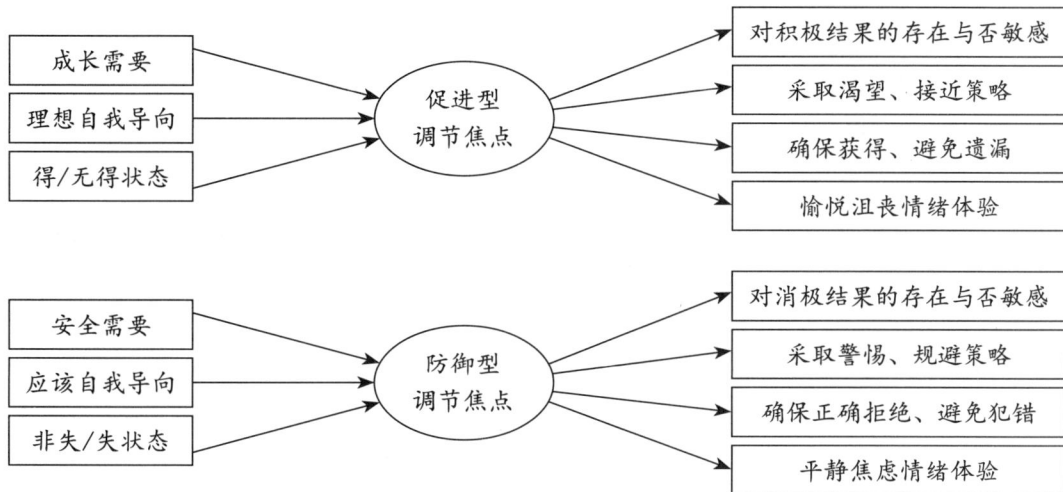

图2-1　促进型调节焦点与防御型调节焦点的比较

资料来源：Higgins, E. T.. Beyond pleasure and pain[J]. *American psychologist*, Vol.52, No.12(1997), pp. 1280 — 1300.

总的来看，这两种自我调节倾向在想要满足的需要和目标、希望获得的结果、目标追求的方式和相联系的情感体验等方面均存在不同。但是值得注意的是，虽然促进型调节焦点和防御型调节焦点之间存在不少差异，但是这两种调节焦点是互相独立的关系（Higgins，1998），也就是说，促进型调节焦点和防御型调节焦点之间并不矛盾，一个人既可以仅表现出一种调节焦点倾向，也可以同时具有高度的促进型和防御型调节焦点，或是在两种调节焦点上都不具有倾向性[①]。两种调节焦点水平都较低的个人，在面对各种活动时都会感觉缺乏动机和精力；而两种调节焦点水平都较高的个人，会通过积极寻求和努力实现理想目标的方式来避免自己担心的不好结果发生。鉴于此，一些学者提出，在实证研究中，应当将促进型调节焦点和防御型调节焦点作为不同的变量，分开来进行分析和检验[②]。

---

① Higgins, E. T.. Promotion and prevention：Regulatory focus as a motivational principle[J]. *Advances in experimental social psychology*, Vol.30(1998),pp.1—46.

② Johnson, R. E., Chang, C. H., Yang, L. Q.. Commitment and Motivation at Work: The

二、调节焦点的类型

总的来说，调节焦点可以分为特质性调节焦点，和情境性调节焦点（situational regulatory focus）两类。

特质性调节焦点也称为长期导向调节焦点，是个人在成长过程中逐渐形成的一种稳定、长期的人格特质，反映了个人在自我指导下所选择的自我调节方式。Higgins（1997）相信，特质性调节焦点的形成与父母的教养目标有关。父母在抚养子女的过程中，会产生两种不同的教养目标。一种是促进型目标，关注的是如何满足孩子的成长需要，例如培养孩子的自主性与独立性；另一种是防御型目标，关注的是如何满足孩子的安全需要，例如保护孩子免受疾病等的伤害。在不同教养目标驱动下，孩子会逐渐习得不同自我调节方式，即在促进型教育目标培养下成长的孩子会产生促进型调节偏好，而在防御型教育目标培养下成长的孩子会产生防御型调节偏好。此外，个人在过去所经历的目标追求结果也会对个人的长期调节焦点倾向产生影响。追求理想与目标的过程中体验到的成功的经验与失败的教训都会在个人成长过程中不断累积，最终形成一种相对稳定的调节方式偏好，即特质性调节焦点。

个人的调节焦点倾向不仅会作为一种稳定、长期的个性特征而存在，也会在受到特定情境因素的刺激时，产生一种暂时性的、局限于情境的自我调节倾向，被称为情境性调节焦点。情境性调节焦点由特定的情境和任务线索诱发，反映了个体在当前环境刺激下的心理状态。具体而言，当情境与任务的框架设计强调个人需要通过抓住机会来实现目标时，就会激发个人的促进型调节焦点，而当情境与任务的框架设计强调个人需要通过预防和解决各种阻碍来实现目标时，就会激发个人的防御型调节焦点[①]。

特质性调节焦点与情境性调节焦点是两个相互关联又有所区别的概念。近年来，

Relevance of Employee Identity and Regulatory Focus[J]. *Academy of Management Review*, Vol.35,No.2(2010),pp. 226－245.

① Shah, J.,Higgins, E. T., Friedman, R. S.. Performance incentives and means：how regulatory focus influences goal attainment[J]. *Journal of Personality & Social Psychology*, Vol.74,No.2(1998),pp.285－293.

有关这两类调节焦点间的交互作用受到了越来越多的关注。研究者相信，个人的行为会受到特质性调节焦点与情境性调节焦点的共同作用，但这两类调节焦点间的交互作用机制仍然有待进一步明确。Brockner 和 Higgins（2001）发现，当情境性调节焦点与特质性调节焦点相一致时，人们会更加看重目标的实现与否，进而对该目标表现出更高的接受度或投入度[①]。Petrou 等人（2015）针对个人在新任务中的绩效表现进行了研究，发现在防御型调节焦点方面，特质性调节焦点与情境性调节焦点的一致性确实能够增强个人在新任务中的绩效表现，但是他们并没有在促进型调节焦点方面获得类似结果[②]。Brodscholl 等（2007）则从两者不一致时的交互作用入手，提出当特质性调节焦点与情境性调节焦点不一致时，究竟由何种来源的调节焦点主导个人行为，取决于哪一种调节焦点更具压倒性。他们也进一步指出，特质性调节焦点与情境性调节焦点的共同作用可能存在较为复杂的影响机制，例如在某一特定情境下，情境性调节焦点的影响足以掩盖特质性促进型调节焦点的作用，但却不足以掩盖特质性防御型调节焦点的作用，那么就可能导致三向交互的情况发生[③]。

三、调节焦点理论的研究现状

（一）调节焦点对员工认知与态度的影响

目前，有关调节焦点对工作态度的研究主要聚焦在组织承诺领域。Dijk 和 Kluger（2004）从理论的角度指出，持续承诺与员工的防御型调节焦点相关，而情感承诺与员工的促进型调节焦点相关[④]；Markovits 及其同事（2008）从实证研究的角度进行了检

① Brockner, J., Higgins, E.T.. Regulatory Focus Theory: Implications for the Study of Emotions at Work[J]. *Organizational Behavior & Human Decision Processes*, Vol.86, No.1 (2001), pp. 35—66.

② Petrou, P., Demerouti, E. and Häfner, M.. When fit matters more: The effect of regulatory fit on adaptation to change[J]. *European Journal of Work and Organizational Psychology*, Vol. 24(2015), pp. 126—142.

③ Brodscholl, J. C., Kober, H., & Higgins, E. T..Strategies of self-regulation in goal attainment versus goal maintenance[J]. *European Journal of Social Psychology,* Vol.37, No.4(2007), pp. 628—648.

④ Van-Dijk, D., & Kluger, A. N.. Feedback sign effect on motivation: is it moderated by regulatory

验，研究结果显示，促进型调节焦点对情感承诺、规范承诺和持续承诺都存在正向影响，而防御型调节焦点对规范承诺和持续承诺都存在正向影响。他们进一步比较了防御型调节焦点与促进型调节焦点的影响效果，发现促进型调节焦点对情感承诺的影响更强，而防御型调节焦点对持续承诺的影响更强，但是在规范承诺方面，防御型调节焦点与促进型调节焦点表现出相同的影响强度[1]。Johnson 等（2010）的研究从交互作用的角度探讨调节焦点对组织承诺的影响，结果显示，当个人具有较强促进型调节焦点时，关系自我认同感会促进情感承诺，个人自我认同感会促进基于缺少其他选择的持续承诺；当个人具有较强防御型调节焦点时，关系自我认同感则会促进规范承诺，个人自我认同感会促进基于已付出投资的持续承诺。

在其他方面，Kruglanski 及其同事（2007）对员工在组织变革中的反应机制进行了探索，发现促进型调节焦点有利于提高员工对变革的接受程度，而防御型调节焦点则与对变革的接受程度负相关[2]。Tseng 和 Kang（2008）的研究显示，促进型调节焦点与员工的工作满意度正向相关，但防御型调节焦点对员工的满意度并没有显著的负向关系；Lanaj 等（2012）的类似研究则发现防御型调节焦点对员工的工作满意度负向相关[3]。

此外，研究者发现，不同的调节焦点还会影响员工对领导风格的感知，进而影响领导风格的有效性。Benjamin 和 Flynn（2006）认为，具有促进型调节焦点的员工会更接受变革型领导风格，具有防御型调节焦点的员工则会更接受交易型领导风格[4]。Tseng

---

focus?[J].*Applied Psychology,*Vol.53,No.53(2004),pp. 113－135.

[1] Markovits, Y., Ullrich, J., Dick, R. V., & Davis, A. J..Regulatory foci and organizational commitment[J]. *Journal of Vocational Behavior*, Vol.73,No.3(2008),pp. 485－489.

[2] Kruglanski,A.W.,Pierro, A.Higgins,E.T., et al.. "On the move" or "staying put" : locomotion, need for closure, and reactions to organizational change[J]. *Journal of Applied Social Psychology*,Vol.37,No.6(2007),pp. 1305－1340.

[3] Tseng, H. C., Kang, L. M.. Regulatory Focus, Transformational Leadership, Uncertainty towards Organizational Change, and Job Satisfaction：In a Taiwan's Culture Setting[J]. *Asia Pacific Management Review*, Vol.14,No.2(2009),pp.215－235.

[4] Benjamin, L., Flynn, F. J.. Leadership style and regulatory mode：value from fit?[J]. *Organiza-*

和 Kang（2008）的实证分析对上述主张提供了支持。根据他们的研究结果，具有促进型调节焦点的员工相较于具有防御型调节焦点的员工，会更加偏好变革型领导风格。我国学者李磊等（2010）也以调节焦点理论为依据，提出了基于调节焦点的领导对下属影响模型，指出领导可以通过行为示范、语言与符号的使用以及反馈等手段，引导下属产生特定的调节焦点倾向，进而影响员工的态度与行为[①]。

（二）调节焦点对员工行为的影响

Dewett 等（2007）通过理论分析，提出员工的促进型调节焦点能够促进员工变革导向型组织公民行为；相对地，防御型调节焦点能够促进维护型组织公民行为[②]。Neubert 及其同事（2008）的实证研究发现，员工的防御型调节焦点能够显著提高员工的角色内绩效表现，同时也能够有效抑制员工的越轨行为；而促进型调节焦点则与员工的帮助行为和创新行为正向相关[③]。Lanaj 等（2012）综合分析了调节焦点与任务绩效、组织公民行为、反生产工作行为、安全绩效、创新绩效五种员工行为间的关系，发现促进型调节焦点可以正向影响员工的任务绩效、组织公民行为和创新绩效，且与反生产行为负向相关；防御型调节焦点则可以正向影响员工的安全绩效[④]。Wallace 和 Chen（2006）发现，防御型调节焦点与员工的安全行为有很强的正向相关性，相反，促进

tional Behavior & Human Decision Processes, Vol.100,No.2 (2006),pp. 216－230.

① 李磊，尚玉钒，席酉民.基于调节焦点理论的领导对下属影响机制研究[J].外国经济与管理，2010，32(07)：49－56.

② Dewett, T., Denisi, A. S.. What motivates organizational citizenship behaviours? Exploring the role of regulatory focus theory[J]. *European Journal of Work and Organizational Psychology*, Vol.16,No.3(2007),pp.241－260.

③ Neubert, M. J., Kacmar, K. M., Carlson, D. S.,et al.. Regulatory focus as a mediator of the influence of initiating structure and servant leadership on employee behavior[J]. *Journal of Applied Psychology,* Vol.93,No.6(2008),p.1220－1233.

④ Lanaj, K., Chang, C-H., Johnson, R. E.. Regulatory focus and work-related outcomes：a review and meta-analysis[J]. *Psychological bulletin*, Vol.138,No.5(2012),pp.998－1034.

型调节焦点与员工的安全行为有较弱的负向联系[1]。Petrou 等人（2015）从特质性调节焦点与情境性调节焦点两个方面分析调节焦点对工作重塑行为的影响，证实促进型调节焦点对寻找资源型工作重塑行为和寻找挑战型工作重塑行为有正向影响，防御型调节焦点对减少工作要求型工作重塑行为有正向影响，且不管是特质性调节焦点还是情境性调节焦点都会对员工的工作重塑行为产生作用[2]。

第五节　现有研究评述

通过回顾授权型领导、心理授权、团队授权、员工对领导信任以及特质性调节焦点等相关理论的研究现状与进展，可以发现，首先，学术界普遍认为授权型领导风格会对员工行为产生积极影响，但有关授权型领导影响员工主动工作行为的相关研究目前仍显不足，已获得的研究结论也主要来自西方国家样本，基于我国员工的研究文献相对较少。其次，关于授权型领导的跨层次作用机制依然不够明确。现有研究显示，授权型领导在员工层次和团队层次上都存在重要影响，但是以往研究主要关注授权型领导在同一层次上的影响作用，也即是说，分别讨论员工导向授权型领导对员工态度、行为和绩效的影响，以及团队导向授权型领导对团队绩效、团队过程的影响。目前学界关于团队导向授权型领导对员工个人结果变量的跨层次分析研究明显不足，尤其是从员工导向和团队导向两个层次同时讨论授权型领导跨层次影响的文献更是少见。近年来，已有一些学者开始关注员工导向与团队导向领导行为对员工行为的共同影响，但是主要集中在变革型领导和真实型领导领域（如张京，2013；郭玮等，2012），有关授权型领导的跨层次作用机制尚不明确，应当引起重视。第三，基于工作授权视角的心理授权和团队授权整合研究较为缺乏。心理授权与团队授权分别反映了个体与团队

① Wallace, C., Chen, G.. A multilevel integration of personality, climate, self‐regulation, and performance[J]. *Personnel Psychology,* Vol.59,No.3(2006),pp. 529－557.

② Petrou, P., Demerouti, E., Jawahar, I.,et al.. Trait-level and week-level regulatory focus as a motivation to craft a job[J]. *Career Development International,* Vol.20,No.2 (2015),pp.102－118.

层次的员工授权体验，是两个既有联系又有所区别的工作授权概念，但以往研究往往将两者分开讨论，即在个体层次上考察心理授权的重要作用，在团队层次上关注团队授权的影响，而将两者加以整合，综合探究心理授权与团队授权间跨层次交互作用的研究不足，特别是基于中国情境的此类研究亟待研究者的补充和丰富。第四，调节焦点理论在组织情境下的应用还有待拓展。通过回顾相关文献，发现虽然早在 1997 年，著名心理学家 Higgins 就已经提出了调节焦点理论，但在管理学研究领域，有关调节焦点理论的应用研究仍然不够丰富。近年来，不少管理学研究者开始重视调节焦点在组织情境下的应用，并对调节焦点与员工态度、行为和工作绩效的关系开展了一系列研究。前人的研究证实了调节焦点在管理学领域同样有着重要的研究价值，但是现有研究无论在广度还是深度上都亟需进一步的拓展。

第三章　理论模型与研究假设

结合探索性研究结论及相关研究的回顾与梳理，本书以授权型领导为自变量、员工心理授权和下属对领导信任为中介变量构建研究模型，同时探讨特质性调节焦点对四种主动工作行为的直接影响，以及调节焦点在"授权型领导—员工心理授权/下属对领导信任—主动工作行为"这一中介机制中的调节作用。鉴于团队因素对员工主动工作行为的重要影响，本研究将构建主动工作行为的跨层次研究模型，不仅关注在员工层次上，授权型领导对主动工作行为的影响及其作用机制，同时也关注团队层次上的授权型领导如何跨层次影响员工主动工作行为，并将团队授权作为团队层次上的中介变量。

在领导学研究领域，一般认为可以从个人和团队两个层次分析领导构念。早期领导学研究通常立足于个人层次，关注下属作为单独个体对领导行为的感知。但是有研究者指出，这样的研究方法可能忽略了领导在团队过程中的作用，因此有必要同样关注团队层次上的领导构念。在团队层次上，尽管不同团队成员感受可能不同，但是领导所表现出的真正领导风格在团队成员间应当具有一致性，从而会形成团队成员共享的领导风格感知，即团队导向的领导风格[①]。已有研究显示，领导对员工行为的作用并不仅仅表现在对员工的直接影响上，同时也会通过影响整个团队，进而作用于员

---

① Ehrhart, M. G.. Leadership and procedural justice climate as antecedents of unit-level organizational citizenship behavior[J]. *Personnel Psychology*, Vol.57,No.(2004),pp. 61－94.

工[①②]。因此，在实证研究中同时考察员工个人对领导行为的感知和团队共享的领导行为感知，有助于更好地理解和揭示领导对员工行为的深层影响机制，具有重要的研究意义[③]。

　　基于上述讨论，本研究对初步框架进行进一步的具化和完善，将员工导向和团队导向授权型领导这两个研究视角加以整合，构建本研究的最终理论模型，如图 3-1 所示。

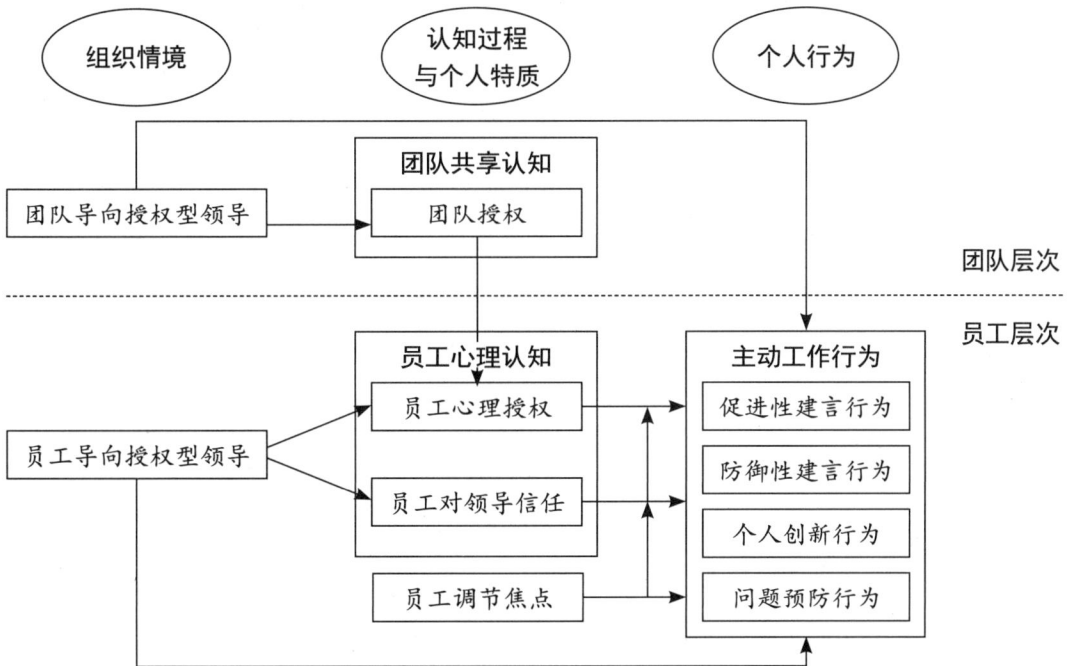

图3-1　本研究理论模型

①　Walumbwa, F. O., Wu, C., Orwa, B.. Contingent reward transactional leadership, work attitudes, and organizational citizenship behavior：the role of procedural justice climate perceptions and strength[J]. *Leadership Quarterly*, Vol.19, No.3(2008), pp. 251－265.

②　Wang, X., & Howell, J. M.. Exploring the dual-level effects of transformational leadership on followers[J]. *Journal of Applied Psychology*, Vol.95,No.6(2010),pp. 1134－1144.

③　Kiersch, C. E.. *A multi-level examination of authentic leadership and organizational justice in uncertain times*[M]. Colorado：Colorado State University, 2012.

第二节 研究假设

一、授权型领导的直接效应

领导在下属的绩效考评、奖惩、晋升和工作分配等方面拥有相当权力，因此是影响员工行为的决定要素。为了迎合领导偏好、获得领导赏识与认可，员工会努力按照领导的期望行事，尽力避免领导不喜的各种行为。主动工作行为会令工作环境发生改变，领导是鼓励这种变化、支持员工的自主行为，还是会视员工为破坏现有平衡的"不安分子"，对员工的行为决策有着至关重要的影响。如果员工认为领导不会欢迎自己的行为，其主动工作的意愿就会大大降低。因此，为了激发员工的主动工作意愿，领导需要清晰地向员工传递出对这类行为的鼓励与赞赏。同时，工作条件上的制约也是阻碍员工主动工作行为的重要原因[①]；领导是否愿意采取措施，创造自主、灵活的工作环境，从而为员工主动工作行为创造良好条件，也会影响员工主动工作行为的产生。

从上述角度来看，授予员工更多权力、责任和自主性的授权型领导风格可能是提升主动工作行为的一种有效领导方式。首先，授权型领导鼓励员工参与决策，这种行为向员工传递出领导愿意和鼓励下属在决策制定过程中积极参与、献计献策的信号。在这样的鼓励下，员工会对主动工作行为抱有更加积极的态度，相信当自己采取主动工作行为时，领导会予以支持和欢迎，甚至奖励。其次，授权型领导对员工提供必要的指导，尤其重视培养下属自主解决问题的能力。在授权型领导的指导和帮助下，员工逐渐积累主动工作的经验，在增强自主工作信心的同时，降低了对主动工作行为后果的担忧。再次，授权型领导重视信息共享，鼓励领导与下属间、同事与同事间的沟

---

① Williams, H. M., Parker, S. K., & Turner, N.. Proactively performing teams: The role of work design, transformational leadership, and team composition[J]. *Journal of Occupational and Organizational Psychology*, Vol. 83, No.2 (2010), pp. 301—324.

通与交流，这一方面为主动行为的实施提供了信息支持，另一方面也体现了领导对交流的欢迎和开放态度，有利于员工积极表达革新构想。最后，关心下属也是授权型领导的重要维度之一，根据社会交换理论，员工感受到来自领导的人文关怀和真诚对待，会基于互惠原则回报领导的善意，这种回报可以通过开展有益于工作单位的各种主动工作行为来实现。

综上所述，授权型领导会对员工主动工作行为产生促进作用。由于本书对员工层次和团队层次授权型领导进行了区分，故提出如下假设。

H1a：员工导向授权型领导对员工促进性建言行为有显著正向影响。

H1b：员工导向授权型领导对员工抑制性建言行为有显著正向影响。

H1c：员工导向授权型领导对员工个人创新行为有显著正向影响。

H1d：员工导向授权型领导对员工问题预防行为有显著正向影响。

H2a：团队导向授权型领导对员工促进性建言行为有显著正向影响。

H2b：团队导向授权型领导对员工抑制性建言行为有显著正向影响。

H2c：团队导向授权型领导对员工个人创新行为有显著正向影响。

H2d：团队导向授权型领导对员工问题预防行为有显著正向影响。

二、心理授权的中介效应

（一）授权型领导对心理授权的影响

在工作授权理论研究领域，存在着两种不同研究视角：一种称为社会结构视角或情境视角，关注如何通过改善组织授权的体系结构、相关政策和实践来提高工作中的实际授权程度，该视角以社会交换与社会权力理论为基础，核心在于实现上下级间的权力、决策与资源分享，授权型领导就是基于社会结构视角的一个典型授权概念；另一种称为心理视角，这一视角认为授权的关键在于员工对授权的主观感知，因此将授权看作是能够提高员工工作掌控感的一种心理过程，心理授权正是心理视角的核心所在。上述两种视角反映了实现工作授权的两个重要方面，两者在概念上有所区别，但又相互补充，因此不少研究者提倡在有关工作授权的理论与实证研究中，将两者整合起来进行系统性的探讨，以便更加全面地揭示工作授权的作用机制（Spreitzer，2008）。近年来的相关研究显示，社会结构授权为员工提供了良好的授权氛围和环境，故而有利于提高员工的心理授权体验，是心理授权的必要但非充分条件①。

目前，学界对心理授权的理解主要采用 Spreitzer（1995）提出的四维结构，即认为心理授权是一个包含自我效能感、工作意义、工作影响力和工作自主性四个方面的个人内心体验综合体。从四个维度分别来看，首先，授权型领导重视表达对下属工作能力和价值的肯定与信心，这有助于提升员工的自我效能感。其次，授权型领导鼓励下属参与决策，这令员工感受到工作上的切实权力，有助于增加员工的自主性体验。最后，领导的授权行为可以提高员工的内部人身份感知和基于组织的自尊②，员工感到自己是被组织认可与尊重的，进而感受到自身工作的意义，相信自己可以对工作环境与工作结果产生重要影响。因此，授权型领导对心理授权的四个主要方面都具有积极影响，所以本书认为授权型领导是心理授权的重要前因变量，故提出如下假设：

H3：员工导向授权型领导对员工的心理授权有显著正向影响。

（二）心理授权在授权型领导与主动工作行为间的中介效应

如前文所述，主动工作行为旨在改变现状和产生影响，因此不可避免地具有风险性和挑战性。员工是否具有实施主动工作行为的强烈动机，以及是否相信自己有能力达成预期目标、获得好的结果，都会影响员工的主动行为选择。从这一角度来看，心理授权可以有效激发员工的内源性动机，增强员工对自身能力的信心和对工作的责任感，因此应当对主动工作行为存在正向影响。相关研究显示，心理授权水平较高的员工往往具有更加强烈的挑战热情和探索精神，进而在工作中表现得更加积极、主动和大胆（Spreitzer，1995）；Raub 和 Robert（2010），基于自我决定理论的研究也发现，心理授权能够激发员工的自主动机，进而提升员工对挑战性工作行为的参与度③。

---

① Mathieu, J. E., Gilson, L. L., Ruddy, T. M.. Empowerment and team effectiveness: an empirical test of an integrated model[J].*Journal of Applied Psychology*, Vol.91,No.1 (2006),pp.97－108.

② Chen, Z. X., Aryee, S.. Delegation and employee work outcomes: An examination of the cultural context of mediating processes in China[J]. *Academy of Management Journal*, Vol.50,No.1(2007),pp. 226-238.

③ Raub, S., Robert, C.. Differential effects of empowering leadership on in-role and extra-role

在建言行为方面，心理授权水平较高的员工认为自己在工作上具有话语权，并且相信自己有能力对领导和他人提出有价值的建议，因此会更乐于分享自己的观点和看法。在个人创新行为方面，心理授权感一方面能提升员工自主安排和决定工作的意识，为实现自主创新创造条件；另一方面表明员工对胜任创新角色具有信心，相信自己有足够的能力和资源来克服创新过程中的各种困难。在问题预防行为方面，心理授权不仅令员工相信自己有能力成功预防和解决工作问题，同时也会增强员工对工作自主权的感知，增强员工自主解决问题的动机。

综上所述，心理授权对建言行为、个人创新行为和问题预防行为都有正向影响，结合假设3的论述，授权型领导可以有效提升员工的心理授权，而心理授权会在授权型领导与员工主动工作行为间起到中介作用。根据认知理论，即使领导采取了授权行动，但若员工心理上没能切实体验到授权，那么领导授权行为对员工的影响将会非常有限，因此本书提出如下假设。

H4a：心理授权在员工导向授权型领导与员工促进性建言行为的关系中起中介作用。

H4b：心理授权在员工导向授权型领导与员工抑制性建言行为的关系中起中介作用。

H4c：心理授权在员工导向授权型领导与员工个人创新行为的关系中起中介作用。

H4d：心理授权在员工导向授权型领导与员工问题预防行为的关系中起中介作用。

三、下属对领导信任的中介效应

（一）授权型领导对于下属对领导信任的影响

以往研究发现，下属对领导信任主要是由上下级关系和下属感知到的领导特征两个因素决定[1]。下属会在日常工作中观察领导的行为表现，并以此为依据推断自己与领

---

employee behaviors: Exploring the role of psychological empowerment and power values[J]. *Human relations*, Vol.63,No.11(2010),pp. 1743－1770.

① Dirks, K. T., Ferrin, D. L.. Trust in leadership：meta-analytic findings and implications for research and practice[J]. *Journal of applied psychology*, Vol.87,No.4(2002),pp. 611－628.

导间的关系和领导特征，然后在这些推断的基础上形成对领导的信任感知。因此，领导的行为风格是下属对领导信任的重要影响因素。Dirks 和 Ferrin（2002）在整合前人研究成果的基础上，指出鼓励员工参与决策是激发下属对领导信任的重要前因。根据他们的论述，当领导允许和鼓励员工参与决策时，会对员工传递出领导尊重下属意见、关注下属诉求，并且相信下属能力的信号。从社会交换理论的角度来看，这样的信号有利于构筑基于信任、善意和相互义务感的良好上下级关系[①]，从而提高下属对领导的信任水平。同时，鼓励员工参与决策还有助于树立领导公平、开放和正直的形象，根据 Mayer 等（1995）的归纳，被信任方的公平性、开放性和正直性都是提高信任方信任感的重要个人特质[②]。由此可见，提高员工的决策参与度可以有效增强下属对领导的信任感，而鼓励员工参与决策正是授权型领导风格的关键维度之一。

此外，授权型领导的其他维度也会对员工的领导信任感产生积极影响，例如人文关怀度维度有助于构建高质量的上下级关系，进而增强员工对领导可信赖度的认知。McAllister（1995）就曾强调，下属感受到的领导关心和照顾，是下属对领导情感信任的主要来源[③]。授权型领导的共享信息维度可以向员工展现领导的公平、公正和开放性，提供指导维度则可以提升员工对领导能力和可靠性的体验，这些也都有助于增强员工对领导的信任。由此可见，授权型领导风格会对下属对领导信任产生正向影响，因此本书提出如下假设。

H5：员工导向授权型领导对于下属对领导信任有显著正向影响。

（二）下属对领导信任在授权型领导与主动工作行为间的中介效应

如前文所述，主动工作行为是有风险的，因此员工是否会采取主动工作行为，与他在多大程度上愿意承担风险有关。Mayer 等（1995）发现，下属对领导信任是影响

---

① Blau, P.. *Exchange and power in social life*[M]. New York：Wiley, 1964.

② Mayer, R. C., Davis, J. H., Schoorman F.D.. An integrative model of organizational trust[J]. *Academy of management review*, Vol.20,No.3(1995),pp.709－734.

③ Mcallister, D. J.. Affect- and Cognitation-based Trust as Foundations for Interpersonal Cooperation in Organizations[J]. *Academy of Management Journal*,Vol.38(1995), pp.24－59.

下属风险承担意愿的重要因素：如果下属认为领导值得信赖，则敢于采取高风险行为；反之，如果下属认为领导不可信，则努力防备言行可能导致的不良后果，避免在工作中承担风险。所以，从风险承担意愿的角度来看，信任对员工的主动工作行为有重要影响。

具体而言，在建言行为方面，与他人分享自己的观点与信息是存在风险的，因为假使他人不当使用自己提供的信息，不管是有意还是无意，都有可能损害到信息提供者的个人利益。如果建言双方缺乏必要的信任，意图建言者不认为建言可以获得好的结果，那么建言行为就很难实现。McAllister（1995）指出，下属对领导的信任感会增强员工向领导表达自身想法、感受、困难和问题等的意愿，因为员工相信领导会关心自己的观点和看法，并且能够提出建设性的意见，所以愿意主动向领导表达自己的所思所想，并期待得到领导的有益反馈。即使有些建言行为是面向其他同事而非领导的，但是考虑到建言的根本目的在于改善工作现状，而领导在这一过程中处于主导和掌控地位，因此有学者提出，下属对领导的信任程度同样会影响员工向同事建言的意愿①。特别是对于抑制性建言行为而言，下属对领导的信任感尤为重要，因为不同于促进性建言旨在提出有利于增进工作效率的积极建议，抑制性建言行为会指出工作中的问题和隐患，从而暴露出相关责任人的失误或失败，导致冲突或负面情绪的滋生，引起同事和领导的反感（Liang、Farh 和 Farh，2012）。因此，员工在采取抑制性建言行为的时候需要承担更多的风险，所以会更加谨慎。一般而言，只有当员工相信领导会正面评价自己的抑制性建言行为，并且公平公正地对待，员工才会产生较强的抑制性建言动机。

在个人创新行为方面，创新行为不仅包括对创新想法的构思，还包括努力克服各种困难，在现实中实现新想法的整个过程。可见创新行为需要员工付出大量努力，需要员工有坚定的意志去承担创新过程中的不确定性和风险，这些都离不开领导的支持和帮助。当员工充分相信领导时，一方面员工对风险的担忧会显著降低，相信不管创新是否失败，都不必担心来自上级的指责和惩罚；另一方面，领导信任会促进员工对

---

① Gao, L., Janssen, O., Shi, K.. Leader trust and employee voice: The moderating role of empowering leader behaviors[J]. *The Leadership Quarterly,* Vol.22,No.4 (2011),pp. 787－798.

组织的积极情感，进而愿意付出更多努力，为改善工作环境与条件而创新。最后，在问题预防行为方面，为了阻止和预防工作问题重复发生，员工需要采取各种措施和行动，这些行动会导致工作条件或流程上的改变，而改变的后果是好是坏并不能提前确定。因此，类似个人创新行为，问题预防行为的实现同样需要员工乐于承担更多责任、愿意为了维护组织利益付出更多努力，并且相信领导会对自己予以支持和帮助。

综上所述，本书认为下属对领导信任会正向影响促进性建言行为、抑制性建言行为、个人创新行为和问题预防行为这四种主动工作行为，结合假设 5 的相关论述，下属对领导信任在授权型领导与上述四种主动工作行为间会起到中介作用，因此本书提出如下假设。

H6a：下属对领导信任在员工导向授权型领导与员工促进性建言行为的关系中起中介作用。

H6b：下属对领导信任在员工导向授权型领导与员工抑制性建言行为的关系中起中介作用。

H6c：下属对领导信任在员工导向授权型领导与员工个人创新行为的关系中起中介作用。

H6d：下属对领导信任在员工导向授权型领导与员工问题预防行为的关系中起中介作用。

四、特质型调节焦点的效应

（一）促进型调节焦点的直接效应

促进型调节焦点是 Higgins（1997）提出的两种自我调节策略之一，当员工具有促进型调节焦点时，会将实现理想自我作为目标，希望通过自身行为获得积极结果，以满足对抱负与成就的需要[①]。在这种倾向驱动下，员工会更加关注工作中潜在的进步机会，以追求所得最大化和避免错失良机为主旨，积极争取奖励与成就。考虑到促进型调节焦点的上述特点，本书认为促进型调节焦点对员工促进性建言行为和个人创新行

---

① Higgins, E. T.. Beyond pleasure and pain[J]. *American psychologist*, Vol.52, No.12(1997), pp.1280－1300.

为有积极影响。

在促进性建言行为方面，根据 Liang 等（2012）的界定，促进性建言行为是指员工为了改善工作单位或组织运作状况而提出的新想法或新建议，这反映了员工对获得积极结果的诉求，符合促进型调节焦点追求进步与成就的需要。促进型调节焦点驱动个人在目标追求过程中采取渴望、接近策略，使员工在设计目标时更多地关注如何"获得"。具有促进型调节焦点的个人，会更积极地思考如何令工作效率更进一步，在与领导和他人交流的过程中，也更倾向于提出建设性意见，即促进性建言。因此，具有促进型调节焦点的员工会存在较强的促进性建言动机。

在个人创新行为方面，促进型调节焦点的员工会表现出积极探索周围环境的倾向[①]，他们不仅更加关注和主动搜寻创新机会，还会坚持不懈地将这些机会变成现实。研究者如 Crowe 和 Higgins（1997）[②]、Friedman 和 Forster（2001）等通过实验方式，证实了具有促进型调节焦点的个人，与防御型调节焦点的个人相比，在处理各种问题的过程中会产生更多创新想法和解决方案，表现出更加多样化的应对方式与方法，可见促进型调节焦点对员工创新行为有正向影响。此外，促进型调节焦点有助于激发员工积极情感[③]，而不少研究者相信，积极情感能够促进员工的创造性[④]。

综上所述，促进型调节焦点可以正向影响员工促进性建言行为和个人创新行为，因此本书提出如下假设。

---

①　Friedman, R. S., Förster, J.. The effects of promotion and prevention cues on creativity[J]. *Journal of Personality and Social Psychology,* Vol. 81, No. 6 (2001)，pp. 1001－1013

②　Crowe, E., Higgins, E. T.. Regulatory focus and strategic inclinations：Promotion and prevention in decision-making[J]. *Organizational Behavior and Human Decision Processes*, Vol.69,No.2(1997),pp. 117－132.

③　Carver, C. S., Sutton, S. K., Scheier, M. F.. Action, emotion, and personality：emerging conceptual integration[J]. *Personality & Social Psychology Bulletin*, Vol.26, No.6(2000), pp. 741－751.

④　Baas, M., De Dreu, C. K. W., et al.. A meta-analysis of 25 years of mood–creativity research：Hedonic tone, activation, or regulatory focus?[J] *Psychological Bulletin*, Vol. 134, No. 6 (2008), pp.779－806.

H7a：员工的促进型调节焦点对员工促进性建言行为有显著正向影响。

H7b：员工的促进型调节焦点对员工个人创新行为有显著正向影响。

（二）防御型调节焦点的直接效应

防御型调节焦点是 Higgins（1997）提出的另一种自我调节策略，当员工具有防御型调节焦点时，会将实现自我作为目的，即重视实现自己对安全、责任和义务的需要与目标，希望自己能够避免消极结果的发生（Higgins，1997）。在这种倾向驱动下，员工会十分重视工作的安全性，以追求损失最小化和避免犯错为主旨，力求履行自己的工作职责、避免工作上的损失和失败。考虑到防御型调节焦点的上述特点，本书认为防御型调节焦点会对员工抑制性建言行为和问题防御行为产生积极影响。

在抑制性建言行为方面，员工之所以进行抑制性建言行为，是为了解决和避免各种不利于工作效率与组织发展的问题，例如不当的工作行为、缺乏效率的工作流程等（Liang 等，2012）。由此可见，抑制性建言行为符合防御型调节焦点极力避免负面结果的倾向。通过大胆指出工作中存在的问题和威胁，员工希望引起相关方重视，从而维护团队和组织利益，即使这种行为可能对自己带来不利影响（如引起同事和领导的不满），这反映了员工对自身工作职责的重视，符合防御型调节焦点的需要。在行动策略上，防御型调节焦点驱动个人在目标追求过程中采取警惕、规避策略，使个人在设计目标时更多地关注如何维持"非失"与减少"失"。因此，具有防御型调节焦点的员工会更加关注和重视那些可能导致损失的状况，在发现潜在问题之后，也更愿意主动提出警告或可行防范措施，以期相关方及时做出反应。从这一角度来看，防御型调节焦点的员工会具有更加强烈的动机进行抑制性建言行为。

在问题预防行为方面，Parker 和 Collins（2010）将工作中的问题预防行为界定为"员工为了预防和避免工作中的问题反复发生，自发采取的提前行动"，可见问题预防行为旨在减少和避免工作中的损失。这一目的与防御型调节焦点的目标相符合。根据调节焦点理论，防御型调节焦点会激发员工对"非失"的需要与追求，促使员工在行动中采取警惕、规避策略，故而具有防御型调节焦点的员工十分关心和警惕工作中存在的威胁，且一旦发现问题，就会积极思考应对方案，采取各种防范与补救措施，以维持工作的"非失"状态。同时，防御型调节焦点会提高员工的责任意识，在工作责任感驱动下，防御型调节焦点的员工将维持工作顺利展开、杜绝有损工作效率与安全的现象与威胁视为自身职责与奋斗目标。

由此可见，防御型调节焦点可以正向影响员工抑制性建言行为和问题预防行为，因此本书提出如下假设。

H8a：员工的防御型调节焦点对员工抑制性建言行为有显著正向影响。

H8b：员工的防御型调节焦点对员工问题预防行为有显著正向影响。

（三）调节焦点的调节效应

调节匹配理论认为，当个体在目标追求过程采取的策略和行为支持自身调节取向时，就会产生一种独立于结果效价之外、源于调节匹配的价值[①]。这种价值会提高个体的动机强度和对积极情绪的体验，令员工感觉到自己的行为是符合自身价值取向的，进而对行动表现出更高投入度。以该理论为依据，不少学者进行了相关研究，并发现员工对调节性匹配的体验确实能够提高员工的内源性动机，使员工更加积极、坚定和持续地进行与自身调节取向相匹配的行为[②]。

根据促进型调节焦点的典型特征，促进性建言行为、个人创新行为符合促进型调节焦点的目标追求需要，可以与促进型调节焦点形成调节性匹配，因此，具有促进型调节焦点的员工会从自身角度认可这两种行为的价值，认为实现上述行为不仅有利于组织，对自己而言也十分重要。在调节性匹配的影响下，心理授权和领导信任对上述行为的激励作用得到进一步强化，员工会秉持更加坚定的信念、付出更多的努力去实现上述行为。也即是说，对于同等心理授权、下属对领导信任，具有促进型调节焦点的员工会因为调节性匹配，对促进性建言行为和个人创新行为表现出更加强烈的动机与投入强度，因此本书提出如下假设。

H9a：员工的促进型调节焦点显著调节心理授权与员工促进性建言行为之间的关

---

① Higgins, E. T.. Making a good decision: value from fit[J].*American Psychologist*, Vol.55 (2000),pp. 1217—1230.

② Avnet, T., Higgins, E. T.. Response to comments on how regulatory fit affects value in consumer choices and opinions[J]. *Journal of Marketing Research*, No.1 (2006), pp. 24—27.

系；当员工的促进型调节焦点倾向较强时，心理授权对员工促进性建言行为的正向影响更强。

H9b：员工的促进型调节焦点显著调节下属对领导信任与员工促进性建言行为之间的关系；当员工的促进型调节焦点倾向较强时，下属对上级信任对员工促进性建言行为的正向影响更强。

H9c：员工的促进型调节焦点显著调节心理授权与员工个人创新行为之间的关系；当员工的促进型调节焦点倾向较强时，心理授权对员工个人创新行为的正向影响更强。

H9d：员工的促进型调节焦点显著调节下属对上级信任与员工个人创新行为之间的关系；当员工的促进型调节焦点倾向较强时，下属对领导信任对员工个人创新行为的正向影响更强。

在防御型调节焦点方面，根据防御型调节焦点的典型特征，抑制性建言行为、问题预防行为符合防御型调节焦点的目标追求需要，可以与防御型调节焦点形成调节性匹配，因此，具有防御型调节焦点的员工认为这两种行为符合自己的价值标准，值得自己为之努力。在调节性匹配的影响下，心理授权和领导信任的激励作用得到进一步强化，员工从自身出发，认同减少和避免工作损失的重要价值，进而更加积极地投入抑制性建言行为和问题预防行为之中。也即是说，在同等心理授权、下属对领导信任感影响下，具有防御型调节焦点的员工会因为调节性匹配，对抑制性建言行为和问题预防行为表现出更加强烈的动机与投入强度，因此本书提出如下假设。

H10a：员工的防御型调节焦点显著调节心理授权与员工抑制性建言行为之间的关系；当员工的防御型调节焦点倾向较强时，心理授权对员工抑制性建言行为的正向影响更强。

H10b：员工的防御型调节焦点显著调节下属对领导信任与员工抑制性建言行为之间的关系；当员工的防御型调节焦点倾向较强时，下属对领导信任对员工抑制性建言行为的正向影响更强。

H10c：员工的防御型调节焦点显著调节心理授权与员工问题预防行为之间的关系；当员工的防御型调节焦点倾向较强时，心理授权对员工问题预防行为的正向影响更强。

H10d：员工的防御型调节焦点显著调节下属对领导信任与员工问题预防行为之间

的关系；当员工的防御型调节焦点倾向较强时，下属对领导信任对员工问题预防行为的正向影响更强。

五、团队层次与跨层次效应

（一）团队导向授权型领导对团队授权的影响

根据 Kirkman 和 Rosen（1997）的定义，团队授权是在团队互动与合作的过程中形成的、集体层次上的授权感知，它包括团队工作意义、团队效能、团队影响力和团队自主性四个方面。团队授权的概念虽然在结构上与个体心理授权相似，但是两者所评价的对象并不相同：前者是对团队整体效能、意义、影响力与自主性的感受，后者则反映了员工对自身的认知。研究者一般认为，团队授权与个体心理授权在内涵上虽然有所关联，但却是两个不同概念，相关研究也证实，从实证的角度来看，应当区分对待团队授权与个体心理授权 [1]。

在团队层次上，领导行为被认为是团队成员集体授权感的重要前因变量（Seibert 等，2011）。Kirkman 和 Rosen（1999）的研究表明，赋予下属更多责任、在决策中采纳团队成员的建议和提高员工工作掌控感等领导行为都能够有效促进团队授权；Chen 等（2007）也发现营造信息共享氛围、鼓励员工自主决策等领导行为与团队授权正向相关 [2]。从授权型领导的角度来看，上述有助于激发团队授权的领导行为十分符合授权型领导的行为特点，根据 Arnold 等（2000）提出的授权型领导概念，鼓励下属参与相关决策、促进团队中的信息共享、培养员工的自主决策能力等都是授权型领导的重要表现 [3]，Ahearne 及其同事（2005）也强调授权型领导会致力于扫除不利于员工自主工作

---

[1] Tuuli, M. T., Rowlinson,S.. Empowerment in project teams: a multilevel examination of the job performance implications[J]. *Construction Management & Economics*, Vol.27,No.5(2009),pp. 473－498.

[2] Chen, G., Kirkman, B. L., Kanfer, R.,et al.. A multilevel study of leadership, empowerment, and performance in teams[J]. *Journal of Applied Psychology,* Vol.92,No.2(2007),pp. 331－346.

[3] Arnold, J. A., Arad, S., Rhoades, J. A., et al.. The empowering leadership questionnaire：The construction and validation of a new scale for measuring leader behaviors[J]. *Journal of Organizational Behavior*, Vol.21,No.3(2000),pp.249－269.

的行政桎梏，并且在决策过程中听取和采纳员工的意见与建议[1]。由此可见，在团队层次上，团队导向授权型领导会对团队授权产生积极影响，因此本书提出如下假设：

H11：团队导向授权型领导对团队授权有显著正向影响。

（二）跨层次中介效应

团队成员在团队互动过程中，会形成有关团队工作特征、氛围和关系等的共同感知，这种主观理解决定着员工的知觉、态度与行为[2]。研究者相信，团队过程会通过团队层次变量，对个体和团队的动机与行为都产生影响[3]。

根据社会学习理论，动机是具有传染性的（Bandura，1997）。当团队其他成员普遍具有较强授权感时，团队成员间的互相影响会促使员工自身的授权感相应提升。Chen 和 Kanfer（2006）、Kark、Shamir 和 Chen（2003）等研究者从实证角度，证实了心理授权的主要维度之一——自我效能感，与团队层次上的集体效能感正向相关，Chen 及其同事（2007）的跨层次分析也为团队授权与个人授权间的正向相关性提供了一定支持[4][5]。

在团队授权对员工个人行为的跨层次影响方面，虽然现有文献尚不充分，但鉴于团队授权与员工心理授权的相关性，以及员工心理授权对主动工作行为的正向影响，本研究认为团队授权通过促进员工心理授权，可以对员工层次上的主动工作行为产生跨层次作用。此外，假设 H11 指出团队导向授权型领导可以提升团队授权，进而团队

---

① Ahearne, M., Mathieu, J., Rapp, A.. To empower or not to empower your sales force? An empirical examination of the influence of leadership empowerment behavior on customer satisfaction and performance[J].*The Journal of applied psychology*, Vol.90,No.5(2005), pp. 945－955.

② James,L.R.,Jones, A.P.. Organizational climate：a review of theory and research[J].*Psychological Bulletin*, Vol.81,No.12(1974),pp. 1096－1112.

③ Janis, I. L.. *Victims of groupthink*[M]. MA：Houghton Mifflin,1972.

④ Chen, G., Kanfer, R.. Toward a Systems Theory of Motivated Behavior in Work Teams[J]. *Research in organizational behavior,* Vol.27(2006),pp.223－267.

⑤ Kark, R., Shamir, B., Chen, G.. The two faces of transformational leadership：empowerment and dependency[J]. *Journal of Applied Psychology,* Vol.88,No.2 (2003),pp. 246－255.

授权在团队导向授权型领导与员工心理授权间可能会起到跨层次中介作用。因此，为了探索团队授权在团队层次与个人层次上的跨层次影响，本书提出以下假设。

H12：团队授权对员工心理授权有显著正向影响。

H13：团队授权在团队导向授权型领导与员工心理授权的关系中起中介作用。

H14a：心理授权在团队授权与员工促进性建言行为的关系中起中介作用。

H14b：心理授权在团队授权与员工抑制性建言行为的关系中起中介作用。

H14c：心理授权在团队授权与员工个人创新行为的关系中起中介作用。

H14d：心理授权在团队授权与员工问题预防行为的关系中起中介作用。

第三节　研究假设汇总

以理论模型为依据，本章对模型中各变量间的相互关系进行了深入探讨，并在此基础上提出了本研究的研究假设。现将本书研究假设汇总如下（表3-1）。

表3-1　本书研究假设汇总

编　号	假设内容
H1a	员工导向授权型领导对员工促进性建言行为有显著正向影响
H1b	员工导向授权型领导对员工抑制性建言行为有显著正向影响
H1c	员工导向授权型领导对员工个人创新行为有显著正向影响
H1d	员工导向授权型领导对员工问题预防行为有显著正向影响
H2a	团队导向授权型领导对员工促进性建言行为有显著正向影响
H2b	团队导向授权型领导对员工抑制性建言行为有显著正向影响
H2c	团队导向授权型领导对员工个人创新行为有显著正向影响
H2d	团队导向授权型领导对员工问题预防行为有显著正向影响

续　表

编　号	假设内容
H3	员工导向授权型领导对员工的心理授权有显著正向影响
H4a	心理授权在员工导向授权型领导与员工促进性建言行为的关系中起中介作用
H4b	心理授权在员工导向授权型领导与员工抑制性建言行为的关系中起中介作用
H4c	心理授权在员工导向授权型领导与员工个人创新行为的关系中起中介作用
H4d	心理授权在员工导向授权型领导与员工问题预防行为的关系中起中介作用
H5	员工导向授权型领导对于下属对领导信任有显著正向影响
H6a	下属对领导信任在员工导向授权型领导与员工促进性建言行为的关系中起中介作用
H6b	下属对领导信任在员工导向授权型领导与员工抑制性建言行为的关系中起中介作用
H6c	下属对领导信任在员工导向授权型领导与员工个人创新行为的关系中起中介作用
H6d	下属对领导信任在员工导向授权型领导与员工问题预防行为的关系中起中介作用
H7a	员工的促进型调节焦点对员工促进性建言行为有显著正向影响
H7b	员工的促进型调节焦点对员工个人创新行为有显著正向影响
H8a	员工的防御型调节焦点对员工抑制性建言行为有显著正向影响
H8b	员工的防御型调节焦点对员工问题预防行为有显著正向影响
H9a	员工的促进型调节焦点显著调节心理授权与员工促进性建言行为之间的关系；当员工的促进型调节焦点倾向较强时，心理授权对员工促进性建言行为的正向影响更强
H9b	员工的促进型调节焦点显著调节下属对领导信任与员工促进性建言行为之间的关系；当员工的促进型调节焦点倾向较强时，下属对上级信任对员工促进性建言行为的正向影响更强

编　号	假设内容
H9c	员工的促进型调节焦点显著调节心理授权与员工个人创新行为之间的关系；当员工的促进型调节焦点倾向较强时，心理授权对员工个人创新行为的正向影响更强
H9d	员工的促进型调节焦点显著调节下属对领导信任与员工个人创新行为之间的关系；当员工的促进型调节焦点倾向较强时，下属对上级信任对员工个人创新行为的正向影响更强
H10a	员工的防御型调节焦点显著调节心理授权与员工抑制性建言行为之间的关系；当员工的防御型调节焦点倾向较强时，心理授权对员工抑制性建言行为的正向影响更强
H10b	员工的防御型调节焦点显著调节下属对领导信任与员工抑制性建言行为之间的关系；当员工的防御型调节焦点倾向较强时，下属对领导信任对员工抑制性性建言行为的正向影响更强
H10c	员工的防御型调节焦点显著调节心理授权与员工问题预防行为之间的关系；当员工的防御型调节焦点倾向较强时，心理授权对员工问题预防行为的正向影响更强
H10d	员工的防御型调节焦点显著调节下属对领导信任与员工问题预防行为之间的关系；当员工的防御型调节焦点倾向较强时，下属对领导信任对员工问题预防行为的正向影响更强
H11	团队导向授权型领导对团队授权有显著正向影响
H12	团队授权对员工心理授权有显著正向影响
H13	团队授权在团队导向授权型领导与员工心理授权的关系中起中介作用
H14a	心理授权在团队授权与员工促进性建言行为的关系中起中介作用
H14b	心理授权在团队授权与员工抑制性建言行为的关系中起中介作用
H14c	心理授权在团队授权与员工个人创新行为的关系中起中介作用
H14d	心理授权在团队授权与员工问题预防行为的关系中起中介作用

第四章 研究设计与试测

第一节 变量界定与量表选择

在实证研究中采用成熟量表进行相关的变量的测量，主要有两个方面的优点：一是成熟量表经过了各种实证研究的反复检验，往往具有较好的信度和效度；二是经常使用的成熟量表已获得学术界的广泛认可，因此不易受到质疑。鉴于此，本研究中所有相关变量的测量，均采用国内外成熟量表进行测量。

一、授权型领导的界定与量表选择

以第一章有关授权型领导的理论回顾为依据，本研究将授权型领导界定为领导向下属赋予权力的一系列管理行为，具体表现为领导鼓励员工参与决策、与员工共享信息、提供员工必要的指导、帮助与人文关怀等。

根据本书的研究对象与目的，以及探索性研究结论，采用 Arnold 等（2000）编制的"授权型领导问卷"（ELQ）测量授权型领导变量。大量实证研究显示该问卷具有很好的信度与效度，并且已被广泛应用于个人和团队两个层次上的授权型领导研究，因此符合本书研究需要。

Arnold 等人（2000）编制的原始问卷由五个维度构成，共 38 道题，具体包括：以身作则维度 5 题、参与决策维度 6 题、提供指导维度 11 题、共享信息维度 6 题、关心下属维度 10 题。由于原始问卷题项数目较多，研究者一般抽取该量表中的部分题项[1]，或部分维度[2] 开展实证研究。本书借鉴前人在实证研究中的应用方法，并结合前期深度

---

① Xue, Y., Bradley, J., Liang, H.. Team climate, empowering leadership, and knowledge sharing[J]. *Journal of Knowledge Management*, Vol.15,No.2(2011),pp.299－312.

② Gao, L, Janssen O, Shi K.. Leader trust and employee voice：The moderating role of empowering leader behaviors[J]. *The Leadership Quarterly*, Vol.22,No.4(2011),pp. 787－798.

访谈研究结果，对该量表中的参与决策、提供指导、共享信息和关心下属维度分别抽取 4 个代表性题项，组成包括四个维度共 16 道题项的授权型领导行为测量量表，如表 4-1 所示。授权型领导的测量采用 Likert 七点量表，计分方式从 1 到 7 分别为"完全不同意""基本不同意""有点不同意""不能确定""有点同意""基本同意""完全同意"。

表4-1 授权型领导测量量表

编 号	题项内容	维 度
EL1	我的主管鼓励我们表达自己的想法和建议	
EL2	我的主管会给每个团队成员表达自己意见的机会	参与决策
EL3	我的主管即使不赞同我们的观点，也会认真考虑我们提出的建议和想法	
EL4	我的主管在做决策时愿意采纳我们的意见	
EL5	我的主管会向我们建议改善工作表现的方法	
EL6	我的主管注重培养我们自主解决问题的能力	提供指导
EL7	我的主管会给我们提供必要的帮助	
EL8	我的主管鼓励我们彼此沟通和交流信息	
EL9	我的主管会向我们解释组织的决策	
EL10	我的主管会告知我们组织的规章制度和对我们的要求	共享信息
EL11	我的主管会设法让我们了解组织政策的目的所在	
EL12	我的主管会向我们解释他/她的决定和行为	
EL13	我的主管关心我们的个人生活	
EL14	我的主管对所有下属一视同仁	关心下属
EL15	我的主管会诚实、公正地解答我们的问题	
EL16	我的主管会花时间耐心地和我们一起讨论我们所关心的问题	

二、主动工作行为的界定与量表选择

本书采用 Parker 和 Collins（2010）对主动工作行为的定义，将主动工作行为界定为以掌控、改善组织内部工作环境为目的而进行的员工主动行为[①]。根据 Parker 和

---

① Parker, S. K., Collins, C. G.. Taking stock: Integrating and differentiating multiple proactive behaviors[J]. *Journal of Management*, Vol.36,No.3(2010),pp.633－662.

Collins（2010）提出的主动行为高阶模型，本书选择对四种典型主动工作行为开展研究，以探索影响主动工作行为的深层机制。

本书选择的四种主动工作行为包括：（1）促进性建言行为；（2）抑制性建言行为；（3）个人创新行为；（4）问题预防行为。具体而言，促进性建言行为和抑制性建言行为采用 Liang 和 Farh（2012）的定义，即认为促进性建言行为是指员工为了改善工作单位或组织运作状况而提出的新想法或新建议；抑制性建言行为是指员工大胆说出各种不利于组织发展的问题，例如不当员工行为、缺乏效率的工作程序、规章或政策等①。促进性建言关注如何创造性地改善单位和组织现状，从而在未来占据更加优势的地位，赢得更好的未来；抑制性建言则更加重视对组织中存在的潜在威胁进行预警，从而解决或避免这些问题的发生。个人创新行为采用 Janssen（2000）的定义，将其界定为员工为了提高个人、团队或组织绩效，在工作中产生、引进新想法并将其应用于工作实践的复杂过程，它包含了创意的产生、寻求创意的支持和创意的实现三个阶段②。本书中的问题预防行为采用 Parker 和 Collins（2010）的定义，认为问题预防行为是指员工为了预防和避免工作问题反复发生，自发采取的提前行动③。

在主动工作行为的测量上，使用 Liang 和 Farh（2012）的两类建言量表对员工促进性建言和抑制性建言行为进行测量，促进性建言和抑制性建言行为各有 5 道题项。该量表在中国情境下开发，因此相较于其他西方量表，更适用于中国组织情境，丰富的实证研究证明该量表在中国情境下具有很好的信度与效度。个人创新行为的测量采用刘云、石金涛（2009）根据 Scott 和 Bruce（1994）、吴静吉等（2006）的个人创新行

① Liang J, Farh C I, Farh JL. Psychological antecedents of promotive and prohibitive voice: A two-wave examination[J]. *Academy of Management Journal,* 2012, 55(1)：71－92.

② Janssen. Job demands, perceptions of effort-reward fairness and innovative work behaviour[J]. *Journal of Occupational & Organizational Psychology*, Vol.73,No.3(2000),pp.287－302.

③ Parker, S. K., Collins, C. G.. Taking stock: Integrating and differentiating multiple proactive behaviors[J]. *Journal of Management,* Vol.36,No.3(2010),pp.633－662.

为量表修订而成的中文量表,共 6 道题项[①②]。研究显示该量表在中文语境下有很好的信度和效度。问题预防行为使用 Parker 和 Collins（2010）提出的问题预防行为量表,由 3 道题项构成。主动工作行为的测量量表如表 4-2 所示,测量采用 Likert 五点量表,计分方式从 1 到 5 分别为"从不""很少""有时""常常""很频繁"。

表4-2　主动工作行为测量量表

主动工作行为类型	编　号	题项内容
促进性建言行为	MV1	我提出了可以改善单位运作质量的建设性建议
	MV2	我会主动提出帮助单位达成目标的有益建议
	MV3	我就改善工作程序积极地提出了建议
	MV4	对可能影响本单位的问题,我会主动思考并提出自己的建议
	MV5	我主动提出了会使工作单位受益的新方案
抑制性建言行为	HV1	我会劝阻团队内其他员工影响工作效率的不良行为
	HV2	对可能会造成单位损失的严重问题,我实话实说,即使其他人有不同意见
	HV3	我敢于对单位中影响工作效率的不良现象发表意见,即使这可能使人难堪
	HV4	当单位内出现问题时,我敢于指出,不怕得罪人
	HV5	我积极向领导反映工作场所中出现的不当问题
个人创新行为	II1	在工作中,我会产生一些具有创意的点子或想法
	II2	我会积极地制定适当的计划和规划来落实我的创新性构想
	II3	为了实现我的构想和创意,我会想办法争取所需要的资源
	II4	我会向同事或领导推销自己的新想法,以获得支持与认可
	II5	为了实现同事的创新性构思,我会献计献策
问题预防行为	PP1	当工作出现问题和差错时,我会努力寻找错误产生的本质原因
	PP2	我会花时间考虑和设法避免再一次发生同样问题
	PP3	针对问题,我会尝试开发能够在将来见效的方法,即使在初期,我的工作效率会下降

①　Scott, S. G., Bruce, R. A.. Determinants of innovative behavior：A path model of individual innovation in the workplace[J].*Academy of management journal*, Vol.37,No.3(1994),pp. 580－607.

②　刘云，石金涛.组织创新气氛与激励偏好对员工创新行为的交互效应研究[J].管理世界，2009(10)：88-101+114+188.

三、心理授权的界定与量表选择

本研究采用 Thomas 和 Velthouse（1990）提出的心理授权定义，认为心理授权是个体的一种心理状态或过程，反映了员工对其工作角色四个方面（自我效能、工作意义、工作影响力和工作自主性）的认知[①]。在测量方面，采用 Spreitzer（1995）编制四维心理授权量表，包含自我效能（3 道题项）、工作意义（3 道题项）、工作影响力（3 道题项）和工作自主性（3 道题项）四个维度，共 12 道题项。该量表是目前应用最为广泛的心理授权量表，受到了国内外学界的普遍认同。李超平及其同事（2006）对该量表进行了本土化操作，并且验证了该量表在中国文化情境下的良好信度与效度[②]。心理授权测量量表的具体内容如表 4-3 所示，测量采用 Likert 七点量表，计分方式从 1 到 7 分别为"完全不同意""基本不同意""有点不同意""不能确定""有点同意""基本同意""完全同意"。

表4-3　心理授权测量量表

编　号	题项内容	维　度
PE1	我掌握了完成工作所需要的各项技能	
PE2	我自信有能力干好工作上的各项事情	自我效能
PE3	我对自己完成工作的能力非常有信心	
PE4	我所做的工作对我来说非常有意义	
PE5	工作上所作的事对我个人来说非常有意义	工作意义
PE6	我的工作对我来说非常重要	
PE7	我对发生在本团队中的事情有显著影响	
PE8	我对发生在本团队的事情起着很大的控制作用	工作影响力
PE9	在有关本团队的事情上，我的影响力很大	
PE10	我自己可以决定如何着手做我的工作	
PE11	在如何完成工作上，我有很大的自主权	工作自主性
PE12	我有很大的机会独立和自由地决定如何开展工作	

---

① Thomas, K. W., & Velthouse, B. A.. Cognitive elements of empowerment: an "interpretive" model of intrinsic task motivation[J].*Academy of Management Review*, Vol.15,No.4 (1990),pp. 666－681.

② 李超平，李晓轩，时勘，等.授权的测量及其与员工工作态度的关系[J].心理学报，2006(01)：99－106.

四、下属对领导信任的界定与量表选择

根据 Rousseau 等（1998）的定义，将下属对领导信任界定为下属相信并对领导的动机、目标和行为抱有积极预期，因此愿意承担由此带来的风险[1]。对领导信任的测量采用 Podsakoff 及其同事（1990）开发的领导信任量表[2]，并借鉴 Leung 等人（2001）的研究方法[3]，构建领导信任的单维 5 题项量表，具体题项如表 4-4 所示。测量采用 Likert 七点量表，计分方式从 1 到 7 分别为"完全不同意""基本不同意""有点不同意""不能确定""有点同意""基本同意""完全同意"。

表4-4 领导信任测量量表

编　号	题项内容
LT1	我相信我的主管总会公平公正地对待我
LT2	我的主管不会用欺骗下属的手段去获取好处
LT3	我完全相信我的主管是个正直和诚实的人
LT4	在任何危机时刻，我都会支持我的主管
LT5	我对我的主管有着很高的忠诚度

五、团队授权的界定与量表选择

团队授权是团队成员在集体情境上的授权感知，它虽然是个人心理授权在团队层次上的延伸，但并不能完全等同于团队成员个人心理授权的简单加总。因此，本研究选择更具针对性的团队授权量表测量员工的团队授权水平，而不是通过计算全体团队

[1] Rousseau, D. M., Sitkin, S. B., Burt, R. S., et al.. Not so different after all: A cross-discipline view of trust[J]. *Academy of management review*, Vol.23,No.3(1998),pp.393－404.

[2] Podsakoff, P. M., Mackenzie, S. B., Moorman, R. H., et al.. Transformational leader behaviors and their effects on followers' trust in leader, satisfaction, organizational citizenship behaviors[J]. *Leadership Quarterly*, Vol.1, No.2 (1990), pp. 107－142.

[3] Leung, K., Su, S., Morris, M. W.. When is Criticism Not Constructive? The Roles of Fairness Perceptions and Dispositional Attributions in Employee Acceptance of Critical Supervisory Feedback[J]. *Human Relations*, Vol.54, No.9 (2001), pp. 1155－1187.

成员的个人心理授权水平之和来获得。

本研究采用 Kirkman 和 Rosen（1997）的定义，认为团队授权是团队成员对团队工作做出的共同的、积极的评价以及由此而增加的工作激励，反映了团队成员对团队工作意义、团队效能感、团队影响力和团队自主性四个方面的认知[①]。在测量方面，采用 Kirkman 及其同事（2004）构建的四维 12 题项团队授权量表作为本研究的测量工具，该量表是对 Kirkman 和 Rosen（1997）团队授权量表的精简，在后续实证研究中应用十分广泛。该量表的具体题项如表 4-5 所示，测量采用 Likert 七点量表，计分方式从 1 到 7 分别为"完全不同意""基本不同意""有点不同意""不能确定""有点同意""基本同意""完全同意"。

表4-5　团队授权测量量表

编　号	题项内容	维　度
TE1	我们团队具有很强的自信心	团队效能感
TE2	只要努力，我们团队就能完成很多有挑战性的任务	
TE3	我们团队的生产（或服务）效率很高	
TE4	我们团队所从事的工作非常重要	团队工作意义
TE5	我们团队所承担的工作任务非常有价值	
TE6	我们团队所从事的工作非常有意义	
TE7	我们团队可以自主选择不同的方式来完成工作	团队自主性
TE8	在如何完成工作任务上，我们团队能够自主决定	
TE9	我们团队能够在没有上级具体指示的情况下，自己做决定	
TE10	我们团队的工作对公司的业绩影响很大	团队影响力
TE11	我们团队所从事的工作任务对公司而言很重要	
TE12	我们团队在公司中起着很大的作用	

六、调节焦点的界定与量表选择

Higgins（1997）的调节焦点理论认为，个人对目标的追求存在两种自我调节倾向：促进型调节焦点和防御型调节焦点。促进型调节焦点倾向于积极争取可能的收益，

① Kirkman B L , Rosen B .A model of work team empowerment[J].Research in Organizational Change and Development, 1997(10):131—167.

关注如何获得奖励和积极结果；防御型调节焦点倾向于努力规避可能发生的危险和处罚，重视如何避免损失与消极结果。调节焦点可以分为特质性和情境性两类，本研究仅关注特质性调节焦点，即个人在社会化过程中逐渐形成的调节焦点，是一种较为静态的个性倾向。

研究采用 Lockwood，Jordan 和 Kunda（2002）开发的特质性调节焦点量表，借鉴史青和龚海涛（2010）等学者对该量表的修订①，结合本书的研究背景与实际，最终确定了特质性调节焦点的二维 10 题项量表，量表具体内容见表4-6，测量采用 Likert 七点量表，计分方式从 1 到 7 分别为"完全不同意""基本不同意""有点不同意""不能确定""有点同意""基本同意""完全同意"。

表4-6　调节焦点的测量量表

编　号	题项内容	维　度
POF1	总的来说，我更加注重如何能够获得好的结果，而不是如何避免坏的结果	促进型调节焦点
POF2	我力求实现的主要目标是达成我的期望、理想和抱负	
POF3	我会经常思考，我如何能获得成功	
POF4	我会集中精力在我希望以后能获得成功的事情上	
POF5	我经常深入地思考，如何能够实现自己的愿望与抱负	
PEF1	总的来说，我总是注意预防不好的事件发生，而较少考虑如何能争取成功	防御型调节焦点
PEF2	我力求实现的主要目标是履行我的职责、责任和义务	
PEF3	比较而言，我更加注重预防损失，而较少考虑追求得到更多的收益	
PEF4	总的来说，我更加关注如何能避免失败，而不是如何能获取成功	
PEF5	我经常深入地思考，如何才能避免工作上的失败，而不是如何能获取成功	

七、人口统计学变量的选择

本研究选择的人口统计学变量包括被调查者的性别、年龄、受教育程度、工作年限、团队规模和工作性质。具体测量编码如下。

（1）性别。参考以往研究方法，将男性编码为 1，女性编码为 0。

———————

① 史青，龚海涛.特质性调节焦点对变革型领导行为有效性的调节效应研究[J].统计与决策，2010(16)：181－183.

（2）年龄。参考以往研究编码方式和本研究调查对象的实际情况，将年龄按照时间间隔分类，共分为五组，具体包括：20 岁及以下、21 ～ 30 岁、31 ～ 40 岁、41 ～ 50 岁和 51 岁及以上，依次编码为 1 到 5。

（3）受教育程度。参考以往研究编码方式和我国学历教育实际情况，将受教育程度分为四个层次，具体包括：大专及以下、本科、硕士、博士及以上，依次编码为 1 到 4。

（4）工作年限。参考以往研究编码方式和本研究调查对象实际情况，将工作年限按照时间间隔分类，共分为四组，具体包括：1 年以下、1 ～ 5 年、6 ～ 10 年和 10 年以上，依次编码为 1 到 4。

（5）团队规模。参考以往研究编码方式和本研究调查对象实际情况，将团队规模分为四组，具体包括：5 人及以下、6 ～ 10 人、11 ～ 15 人和 16 人及以上，依次编码为 1 到 4。

（6）工作性质。参考以往研究编码方式和本研究调查对象实际情况，将样本工作性质分为八类，具体包括：管理、技术、生产、营销、财务、客户服务、劳务派遣和其他，依次编码为 1 到 8。

第二节 调查问卷的设计

一、调查问卷的设计原则

问卷调查具有成本较低、覆盖面较广、时效性较强等特点，是管理学定量研究最常用的工具之一。为了保证问卷调查的科学性和有效性，提高问卷的信度与效度，研究者需要重视问卷结构和具体题项的合理设计。借鉴杨国枢等（2006）、Podsakoff 等（2003）提出的问卷设计原则和注意事项[1][2]，本书按照以下三个步骤对调查问卷进行

---

① 杨国枢，文崇一，吴聪贤，等.社会及行为科学研究法[M].重庆：重庆大学出版社，2006：56—57.

② Podsakoff, P. M., MacKenzie, S. B., Lee, J-Y., et al.. Common method biases in behavioral

设计。

（1）搜集经典测量量表，选择初始量表题项。在回顾和梳理国内外相关文献的基础上，著者对主动工作行为、授权型领导、心理授权、团队授权、下属对领导信任和调节焦点六个核心变量的测量量表进行系统性归纳和比较，筛选出在国内外顶级期刊中应用较为广泛、信度效度较好的成熟量表，并结合本研究调查对象和背景的实际情况，确定各核心变量的初始测量量表。

（2）量表题项的翻译。由于调查所选择的量表主要来自英文文献，将题项恰当、正确地翻译成中文至关重要。考虑到中西方在语言、习惯和人文背景等方面的显著差异，不确切的翻译会导致答题者无法正确理解题项内容，影响调查问卷的有效性。为了提炼出更加符合我国文化和语言习惯的量表题项，本研究在尊重国外原始量表的基础上，尽量选择国内学者的修订版本作为测量量表，或者综合参考国内学者在相关实证研究中给出的中文翻译，提出符合中文表达习惯的测量量表。由于国内研究对问题预防行为的关注较少，本书通过回译方式，请国外老师及管理学博士研究生对量表进行翻译和回译，针对存在明显差异或分歧的题项进行修改和再检验，最终形成测量量表。

（3）根据研究背景与对象修订题项。在完成量表翻译的基础上，通过与相关领域专家以及拟调研企业管理层的交流和讨论，进一步修改调研题项，使题项在内容表达上更加符合我国国情和拟调研企业的工作实际，以便提高问卷的可读性和简明性，确保员工能够更好地理解问卷内容，更加准确地回答问题。

二、社会赞许性偏差和共同方法偏差的处理

社会赞许性反应是指个体根据当前社会规范和准则而表现出良好形象的倾向[①]。回答者在填答问卷时，为了给他人留下好印象或满足自身自尊心，会更倾向于肯定自己的正面特质，而否定自己不被社会赞许的表现，于是就会产生社会赞许性偏差。在问

---

research：a critical review of the literature and recommended remedies[J]. *Journal of applied psychology*, Vol.88,No.5(2003),pp.879－903.

① Zerbe, W. J., Paulhus, D. L.. Socially Desirable Responding in Organizational Behavior：A Reconception[J]. *Academy of Management Review*,Vol.12,No.2(1987),pp.250－264.

卷调查中，社会赞许性偏差会影响数据的准确程度，掩盖被测样本的某些真实态度与行为。

共同方法偏差是指由同样的数据来源或评分者、同样的测量环境、项目语境以及项目本身特征所造成的预测变量与效标变量之间的人为共变[①]。研究显示，共同方法偏差广泛存在于以问卷为调研工具的心理、行为学研究中，其存在使得研究结果与实际情况产生偏离，影响研究的准确性。由于本研究主要通过被调查者自陈方式收集变量数据，因此容易受到共同方法偏差的干扰，为了尽可能地削弱社会赞许性偏差和共同方法偏差的不良影响，本研究在问卷设计中采取了以下措施。

（1）选择在实证研究中应用较为广泛的经典量表，并结合中国文化背景和研究实际，提炼变量测量的量表题项，以确保量表的可行性和严谨性。

（2）反复斟酌问卷用语，尽量避免带有主观性、诱导性的语言表达，对容易受到社会赞许性偏差影响的题项，尽可能地避免使用明确的人称指代，采用客观的语言进行描述。

（3）做好问卷填写的保密工作。研究显示，保护被调查者的隐私有助于降低被调查者的顾虑与戒备，从而削弱社会赞许性偏差和共同方法偏差影响。为了实现这一目的，本研究除了在问卷序言中强调问卷采用匿名方式填写、被调查者的回答仅用于学术用途之外，还努力从问卷发放方式上下功夫，以保证问卷的保密性。在预调研过程中，一部分问卷由被调研企业的人力资源部直接发放给被调查者，问卷填写完成后直接收回，并用信封密封，保证问卷不经过第三方，特别是被调查者的直属上级，以消除被调查者的顾虑。另一部分问卷采用网上在线填写的方式，被调查者根据事先分配好的团队代码匿名在线填答问卷。网上提交不须通过所在企业，所提交的数据只有研究者可以获得，因此具有很强的保密性。

（4）通过改善量表测量方式实施程序控制。Podsakoff 等人（2003）指出，使用相同的量表形式和相同的量表锚定词是产生共同方法偏差的重要潜在来源，区别预测

---

① 周浩，龙立荣.共同方法偏差的统计检验与控制方法[J].心理科学进展，2004(06)：942—950.

变量和效标变量的测量方式有助于降低共同方法偏差。鉴于此，本书对因变量主动工作行为的测量采用李克特五点量表，衡量主动工作行为发生的频率，1 至 5 分别代表"从不""很少""有时""常常""很频繁"。其他变量的测量则采用李克特七点量表，衡量样本对题项的同意程度，1 至 7 分别代表"完全不同意""基本不同意""有点不同意""不能确定""有点同意""基本同意""完全同意"。

三、调查问卷的结构

以上述设计原则和措施为指导，经过与专家及拟调研企业管理层、人力资源部相关负责人的反复讨论，最终形成本研究预调研问卷。问卷由员工匿名填写，以人力资源部预设的团队编号为依据配对。研究问卷的内容由七个部分组成：第一部分是个人基本信息，第二部分是个人主动工作行为的测量，第三部分是授权型领导的测量，第四部分是心理授权的测量，第五部分是下属对领导信任的测量，第六部分是调节焦点的测量，第七部分是团队授权的测量。

第三节　调查问卷的预调研

为了进一步净化问卷题项、提高问卷研究质量，在进行正式问卷调查之前，有必要进行小样本预调研。在本研究的预调研中，一部分问卷采用滚雪球抽样的方式，邀请了著者在企业工作的同学和朋友填写，并请同学和朋友在他们的朋友中随机选择 5 位好友发放问卷，以在线填写的方式回收答案；另一部分问卷调查在湖北省某人力资源公司中进行，由该公司人力资源部通过电子邮件发放。因为预调研旨在提高问卷题项的信度与效度，不需加总团队层次变量进行分析，因此在预调研阶段不要求被调查者与工作团队配对。本次预调研共发放 192 份问卷，回收 156 份问卷，回收率为81.3%。在回收问卷之后，将存在数据遗失的问卷、连续大量题项选择同一个答案的问卷以及题项回答呈现明显规律,如"Z"字形排列的问卷剔除,最终获得有效问卷 132 份，有效回收率为 84.6%。

一、预调研的样本描述

在本次预调研中，样本的性别、年龄、受教育程度、工作年限、团队规模和所属部门类型等人口统计学特征如表4-7所示。具体而言，样本中的女性为44.7%，男性为55.3%，性别比分布较为均衡；在年龄方面，样本以21～30岁居多，占样本总数的56.8%，其次为31～40岁，占样本总数的30.3%；受教育程度以本科和大专及以下为主，分别占样本总数的49.2%和39.4%；样本的工作年限主要集中在1～5年，占样本总数的59.8%，其他年限的人数则较为均衡，1年以下、6～10年和10年以上的人数分别占样本总数的16.7%、12.9%和10.6%；在样本的工作性质方面，样本的工作性质涉及管理、技术、生产、营销、财务、客服和劳务派遣等多种不同类型。

表4-7 预调研样本的描述性统计分析

变 量	分 类	频数（人）	百分比（%）	累积百分比（%）
性 别	女性	59	44.7	44.7
	男性	73	55.3	100.0
年 龄	20岁及以下	4	3.0	3.0
	21～30岁	75	56.8	59.8
	31～40岁	40	30.3	90.2
	41～50岁	8	6.1	96.2
	51岁及以上	5	3.8	100.0
受教育程度	大专及以下	52	39.4	39.4
	本科	65	49.2	88.6
	硕士	12	9.1	97.7
	博士及以上	3	2.3	100.0
工作年限	1年以下	22	16.7	16.7
	1～5年	79	59.8	76.5
	6～10年	17	12.9	89.4
	10年以上	14	10.6	100.0
团队规模	5人及以下	20	15.2	15.2
	6～10人	62	47.0	62.1
	11～15人	21	15.9	78.0
	16人及以上	29	22.0	100.0

变　量	分　类	频数（人）	百分比（%）	累积百分比（%）
工作性质	管理	21	15.9	15.9
	技术	5	3.8	19.7
	生产	10	7.6	27.3
	营销	11	8.3	35.6
	财务	4	3.0	38.6
	客服	5	3.8	42.4
	劳务派遣	70	53.0	95.5
	其他	6	4.5	100.0

二、预调研的信效度检验方法

（一）预调研的信度检验方法

问卷的信度，也称为问卷的可靠性，反映了测量量表对同一变量重复测量的稳定性和一致性[1]。本研究通过分析量表的 Cronbach's α 系数和 CITC 值（Corrected Item Total Correlation）进行问卷的信度评价。Cronbach's α 也被称为内部一致性 α 系数，是社会科学领域的实证研究（特别是使用李克特量表时）中最常使用的信度评价检验工具。根据 Nunnally（1978）给出的检验标准，Cronbach's α 大于 0.7 时说明量表的内部一致性可以接受；大于 0.8 则表明量表的内部一致性很好[2]。CITC 值是校正项的总相关系数，一般认为 CITC 值小于 0.5 时，说明该题项与整个量表的相关系数较低，应当删除，但也有学者提出 CITC 值大于 0.3 即符合研究要求[3]，因此在本研究中，CITC 值小于 0.3 的题项直接删除，大于 0.3 但小于 0.5 的题项则考虑删除该题项后的剩余题项 Cronbach's α 系数，如果剩余题项 Cronbach's α 系数增大，则应当删除该题项。

（二）预调研的效度检验方法

问卷的效度反映测量工具在变量测量中的准确程度，即问卷的有效性。在预调研

---

①　吴明隆.问卷统计分析实务[M].重庆：重庆大学出版社，2010：68.

②　Nunnally, J. C.. *Psychometric theory* (*2nd ed.*)[M]. New York: McGraw-Hill, 1978.

③　卢纹岱.SPSS for Windows统计分析[M].北京：电子工业出版社，2002：78.

阶段，主要是对问卷的内容效度和结构效度进行检验。所谓内容效度，是指所测内容在多大程度上代表了研究想要测量的构念。由于本研究使用的全部是现有研究中经常采用的成熟量表，因此量表的内容效度具有一定的保证。此外，为了确保问卷具有良好的内容效度，本研究采用双向对译的方法翻译来自西方文献的量表，并结合专家意见与访谈拟调研企业管理层的结果，对量表加以修订。

结构效度也称为建构效度、构念效度等，是指测量得到的结果在多大程度上能够反映所要测量的理论结构和特质。在预调研问卷中，结构效度一般通过探索性因素分析进行检验。在进行探索性因素分析之前，首先要判断调研样本是否适合进行因子分析。通常采用的方法是 KMO 样本测度法 (Kaiser-Meyer-Olkin Measure of sampling Adequacy) 和 Bartlett 球体检验法 (Bartlett Test of Sphercity)。一般认为，Bartlett 球体检验卡方值显著，且 KMO 值大于 0.7 时，样本适合进行探索性因素分析[1]。在样本通过 KMO 和 Bartlett 球体检验之后，以特征值大于 1 为标准，采用主成分分析法提取因子，并使用最大变异法完成因子旋转。根据相关文献提出的判断标准，因子载荷小于 0.5 的题项应当删除，删除后的量表累计解释方差比例应超过 50%[2]。

三、预调研量表的信效度检验

（一）授权型领导量表的信度和效度检验

以上述检验方法为依据对授权型领导量表进行信度和效度检验，量表的 Cronbach's α 和 CITC 值见表 4-8。根据检验标准，参与决策、提供指导、共享信息和关心下属分量表的 Cronbach's α 分别为 0.945、0.927、0.931、0.933，总量表 Cronbach's α 为 0.959，均在 0.8 以上，说明授权型领导具有非常好的内部一致性信度；题项的 CITC 值均在 0.5 以上，且删除任一题项都没有增加对应行为量表的 Cronbach's α 系数，因此无须删除量表题项，授权型领导量表的信度满足研究的要求。

---

① 马庆国.管理统计：数据获取、统计原理、SPSS工具与应用研究[M].北京：科学出版社，2002：320.

② Weiss, D. J.. Factor analysis and counseling research[J]. *Journal of Counseling Psychology*, Vol.17,No.5(1970),pp.477－485.

表4-8 授权型领导量表的信度结果

变量维度	题 项	CITC值	删除该项后的alpha值	分量表Cronbach's α	总量表Cronbach's α
参与决策	EL1	0.788	0.956	0.945	0.959
	EL2	0.721	0.957		
	EL3	0.755	0.957		
	EL4	0.763	0.957		
提供指导	EL5	0.781	0.956	0.927	
	EL6	0.818	0.956		
	EL7	0.754	0.957		
	EL8	0.694	0.958		
共享信息	EL9	0.746	0.957	0.931	
	EL10	0.741	0.957		
	EL11	0.748	0.957		
	EL12	0.731	0.957		
关心下属	EL13	0.735	0.957	0.933	
	EL14	0.794	0.956		
	EL15	0.776	0.956		
	EL16	0.757	0.957		

在信度分析的基础上，通过探索性因子分析进一步检验授权型领导量表的效度，分析结果如表4-9所示。从表4-9中可以看到，授权型领导量表的KMO值为0.922，大于0.7，Bartlett球体检验卡方值为2270.403，显著性概率达到0.000，表明该样本适合进行探索性因子分析。选择主成分分析法对因子进行提取，得到特征值大于1的四个共同因子。四个因子解释的总方差比例（85.298%）在50%以上，各题项的因子载荷均在0.6以上，且交叉载荷现象不明显，说明该量表的结构效度符合要求。

表4-9 授权型领导量表的探索性因子分析结果

题 项	因子1	因子2	因子3	因子4
EL3	0.857			
EL2	0.844			
EL1	0.811	0.308		
EL4	0.776			

续　表

题　项	因子1	因子2	因子3	因子4
EL15	0.339	0.801		
EL14	0.335	0.783	0.314	
EL16	0.393	0.780		0.304
EL13		0.733	0.407	
EL11		0.329	0.819	
EL10			0.791	0.429
EL12		0.416	0.775	
EL9	0.318		0.766	0.381
EL8			0.354	0.828
EL7				0.827
EL6	0.327	0.398		0.718
EL5	0.368	0.348		0.686
KMO值：0.922				
Bartlett检验卡方值：2270.403				
显著性概率：0.000				
特征值	3.689	3.388	3.321	3.248
解释方差变异（%）	23.059	21.177	20.758	20.303
累计解释方差变异（%）	23.059	44.236	64.995	85.298

注：提取方法为主成分分析；旋转法为最大变异法；特征值、解释方差变异为旋转后的取值。

（二）主动工作行为量表的信度和效度检验

采用相同的方法对四类主动工作行为的量表进行信度和效度检验，量表的 Cronbach's α 和 CITC 值见表 4-10。根据检验标准，促进性建言行为、抑制性建言行为、个人创新行为和问题预防行为量表的 Cronbach's α 分别为 0.893、0.897、0.873、0.848，均在 0.8 以上，说明这四种主动工作行为具有非常好的内部一致性信度；题项的 CITC 值均在 0.5 以上，且删除任一题项都没有增加对应行为量表的 Cronbach's α 系数，因此无须删除量表题项，四种员工主动工作行为量表的信度满足研究的要求。

表4-10　主动工作行为量表的信度结果

变　量	题　项	CITC值	删除该项后的alpha值	Cronbach's α
促进性 建言行为	MV1	0.752	0.867	0.893
	MV2	0.768	0.863	
	MV3	0.785	0.859	
	MV4	0.750	0.867	
	MV5	0.637	0.892	
抑制性 建言行为	HV1	0.776	0.868	0.897
	HV2	0.776	0.869	
	HV3	0.718	0.881	
	HV4	0.757	0.872	
	HV5	0.710	0.883	
个人创新行为	II1	0.643	0.860	0.873
	II2	0.722	0.841	
	II3	0.701	0.846	
	II4	0.723	0.841	
	II5	0.719	0.841	
问题预防行为	PP1	0.695	0.809	0.848
	PP2	0.769	0.744	
	PP3	0.700	0.814	

　　主动工作行为的探索性因子分析结果如表4-11所示。主动工作行为量表的KMO值为0.897，大于0.7，Bartlett球体检验卡方值为1670.756，显著性概率达到0.000，表明该样本适合进行探索性因子分析。选择主成分分析法对因子进行提取，得到特征值大于1的共同因子有四个。四个因子解释的总方差比例（72.944%）在50%以上，各题项的因子载荷均在0.5以上，说明该量表具有较好的区分效度，促进性建言行为、抑制性建言行为、个人创新行为和问题预防行为是四种不同类型的主动工作行为。

表4-11　主动工作行为量表的探索性因子分析结果

题项	因子1	因子2	因子3	因子4
HV4	0.835			
HV2	0.767	0.402		
HV1	0.754	0.393		
HV5	0.743		0.321	
HV3	0.738		0.269	
MV2		0.807		
MV1		0.803		
MV3		0.741		
MV4		0.728		0.310
MV5		0.525	0.367	0.393
II4			0.776	
II3		0.350	0.765	
II5			0.663	0.443
II2	0.435	0.343	0.604	
II1	0.469		0.539	0.373
PP2		0.310		0.841
PP3				0.774
PP1			0.323	0.770
KMO值：0.897				
Bartlett检验卡方值：1670.756				
显著性概率：0.000				
特征值	3.825	3.529	2.985	2.790
解释方差变异（%）	21.248	19.608	16.585	15.502
累计解释方差变异（%）	21.248	40.857	57.442	72.944

注：提取方法为主成分分析；旋转法为最大变异法；特征值、解释方差变异为旋转后的取值。

（三）心理授权量表的信度和效度检验

心理授权量表的 Cronbach's α 和 CITC 值见表 4-12。工作意义、自我效能、工作自主性和工作影响力四个分量表的 Cronbach's α 分别为 0.898、0.847、0.848、0.866，总量表 Cronbach's α 为 0.913，均在 0.8 以上，根据判别标准，心理授权量表具有非常好的内部一致性信度；此外，量表题项的 CITC 值均在 0.5 以上，且删除任一题项都没有增加对应行为量表的 Cronbach's α 系数，说明无须删除题项，心理授权量表的信度满足研究的要求。

表4-12　心理授权量表的信度结果

变量维度	题　项	CITC值	删除该项后的 alpha值	分量表 Cronbach's α	总量表 Cronbach's α
工作意义	PE1	0.701	0.903	0.898	0.913
	PE2	0.725	0.902		
	PE3	0.677	0.905		
自我效能	PE4	0.631	0.907	0.847	
	PE5	0.691	0.904		
	PE6	0.594	0.908		
工作自主性	PE7	0.637	0.906	0.848	
	PE8	0.627	0.907		
	PE9	0.576	0.909		
工作影响力	PE10	0.682	0.904	0.866	
	PE11	0.626	0.907		
	PE12	0.633	0.907		

对心理授权量表进行探索性因子分析的结果如表 4-13 所示。从表 4-13 中可以看到，心理授权量表的 KMO 值为 0.823，大于 0.7，Bartlett 球体检验卡方值为 1078.895，显著性概率达到 0.000，表明该样本适合进行探索性因子分析。选择主成分分析法对因子进行提取，得到特征值大于 1 的四个共同因子。四个因子解释的总方差比例（79.902%）在 50% 以上，各题项的因子载荷均在 0.7 以上，且交叉载荷现象不明显，说明该量表的结构效度符合要求。

表4-13 心理授权量表的探索性因子分析结果

题 项	因子1	因子2	因子3	因子4
PE4	0.837			
PE5	0.826			
PE6	0.801			
PE9		0.838		
PE8		0.801		
PE7		0.796		0.314
PE11			0.857	
PE12			0.824	
PE10	0.307		0.743	
PE3				0.859
PE1				0.783
PE2	0.413			0.742
KMO值: 0.823				
Bartlett检验卡方值: 1078.895				
显著性概率: 0.000				
特征值	2.559	2.386	2.324	2.318
解释方差变异（%）	21.328	19.885	19.370	19.319
累计解释方差变异（%）	21.328	41.213	60.583	79.902

注：提取方法为主成分分析；旋转法为最大变异法；特征值、解释方差变异为旋转后的取值。

（四）下属对领导信任量表的信度和效度检验

采取相同的方法检验下属对领导信任量表的信度和效度。下属对领导信任量表的 Cronbach's α 和 CITC 值如表 4-14 所示。量表 Cronbach's α 为 0.927，大于 0.8，表明该量表具有很好的内部一致性信度；题项的 CITC 值均在 0.5 以上，且删除任一题项都没有增加对应行为量表的 Cronbach's α 系数，因此无须删除量表题项，下属对领导信任量表的信度满足研究的要求。

表4-14　下属对领导信任量表的信度结果

题　项	CITC值	删除该项后的alpha值	Cronbach's α
LT1	0.771	0.918	
LT2	0.885	0.895	
LT3	0.808	0.911	0.927
LT4	0.821	0.908	
LT5	0.760	0.920	

下属对领导信任量表的探索性因子分析的结果如表4-15所示。从表4-15中可以看到，下属对领导信任量表的KMO值为0.858，大于0.7，Bartlett球体检验卡方值为523.090，显著性概率达到0.000，表明该样本适合进行探索性因子分析。选择主成分分析法对因子进行提取，得到特征值大于1的共同因子只有一个。该因子解释的总方差比例（77.553%）在50%以上，各题项的因子载荷均在0.8以上，说明下属对领导信任量表是一个单维结构，其结构效度符合要求。

表4-15　下属对领导信任量表的探索性因子分析结果

题　项	因子1
LT2	0.932
LT4	0.888
LT3	0.881
LT1	0.854
LT5	0.845
KMO值：0.858	
Bartlett检验卡方值：523.090	
显著性概率：0.000	
特征值	3.878
解释方差变异（%）	77.553
累计解释方差变异（%）	77.553

注：提取方法为主成分分析；旋转法为最大变异法。

（五）调节焦点量表的信度和效度检验

调节焦点量表的 Cronbach's α 和 CITC 值如表 4-16 所示。促进型调节焦点和防御型调节焦点量表的 Cronbach's α 分别为 0.912 和 0.867，大于 0.8，根据判别标准，调节焦点量表具有很好的内部一致性信度；此外，量表题项的 CITC 值均在 0.5 以上，且删除任一题项都没有增加对应行为量表的 Cronbach's α 系数，说明无须删除题项，调节焦点量表的信度满足研究的要求。

表4-16　调节焦点量表的信度结果

变　量	题　项	CITC值	删除该项后的alpha值	Cronbach's α
促进型调节焦点	POF1	0.822	0.883	0.912
	POF2	0.780	0.892	
	POF3	0.823	0.884	
	POF4	0.758	0.897	
	POF5	0.715	0.908	
防御型调节焦点	PEF1	0.726	0.830	0.867
	PEF2	0.678	0.843	
	PEF3	0.622	0.857	
	PEF4	0.764	0.820	
	PEF5	0.667	0.845	

通过探索性因子分析进一步检验调节焦点量表的效度，分析结果如表 4-17 所示。从表 4-17 中可以看到，授权型领导量表的 KMO 值为 0.868，大于 0.7，Bartlett 球体检验卡方值为 871.848，显著性概率达到 0.000，表明该样本适合进行探索性因子分析。选择主成分分析法对因子进行提取，得到特征值大于 1 的两个共同因子。两个因子解释的总方差比例为 71.057%，大于 50%，各题项的因子载荷均在 0.5 以上，说明该量表的结构效度符合要求，促进型调节焦点和防御型调节焦点之间具有较好的区分效度。

表4-17　调节焦点量表的探索性因子分析结果

题　项	因子1	因子2
POF1	0.863	
POF3	0.849	
POF2	0.848	
POF4	0.805	
POF5	0.767	
PEF5		0.842
PEF4		0.837
PEF3		0.774
PEF1	0.362	0.740
PEF2	0.491	0.590
KMO值：0.868		
Bartlett检验卡方值：871.848		
显著性概率：0.000		
特征值	3.913	3.192
解释方差变异（%）	39.129	31.925
累计解释方差变异（%）	39.129	71.057

注：提取方法为主成分分析；旋转法为最大变异法；特征值、解释方差变异为旋转后的取值。

（六）团队授权量表的信度和效度检验

团队授权量表的Cronbach's α和CITC值如表4-18所示。团队工作意义、团队效能感、团队影响力和团队自主性四个分量表的 Cronbach's α 分别为 0.924、0.934、0.900、0.940，总量表 Cronbach's α 为 0.927，均在 0.8 以上，根据判别标准，团队授权量表具有很好的内部一致性信度；此外，量表题项的 CITC 值均在 0.5 以上，且删除任一题项都没有增加对应行为量表的 Cronbach's α 系数，说明无须删除题项，团队授权量表的信度满足研究的要求。

表4-18　团队授权型量表的信度结果

变量维度	题　项	CITC值	删除该项后的alpha值	分量表Cronbach's α	总量表Cronbach's α
团队效能感	TE1	0.586	0.925	0.924	0.927
团队效能感	TE2	0.663	0.922	0.924	0.927
团队效能感	TE3	0.636	0.923	0.924	0.927
团队工作意义	TE4	0.625	0.924	0.934	0.927
团队工作意义	TE5	0.684	0.922	0.934	0.927
团队工作意义	TE6	0.696	0.921	0.934	0.927
团队自主性	TE7	0.727	0.920	0.900	0.927
团队自主性	TE8	0.749	0.919	0.900	0.927
团队自主性	TE9	0.701	0.921	0.900	0.927
团队影响力	TE10	0.735	0.919	0.940	0.927
团队影响力	TE11	0.786	0.917	0.940	0.927
团队影响力	TE12	0.695	0.921	0.940	0.927

团队授权量表的探索性因子分析结果如表4-19所示。团队授权量表的KMO值为0.866，大于0.7，Bartlett球体检验卡方值为1510.424，显著性概率达到0.000，表明该样本适合进行探索性因子分析。选择主成分分析法对因子进行提取，得到特征值大于1的四个共同因子。四个因子解释的总方差比例（79.902%）在50%以上，各题项的因子载荷均在0.7以上，且交叉载荷现象不明显，说明该量表的结构效度符合要求。

表4-19　团队授权量表的探索性因子分析结果

题　项	因子1	因子2	因子3	因子4
TE6	0.884			
TE4	0.874			
TE5	0.869			
TE2		0.882		

续　表

题　项	因子1	因子2	因子3	因子4
TE1		0.874		
TE3		0.870		
TE12			0.867	
TE11			0.859	
TE10			0.834	0.349
TE8	0.322			0.843
TE9			0.343	0.822
TE7	0.370			0.756
KMO值：0.866				
Bartlett检验卡方值：1510.424				
显著性概率：0.000				
特征值	2.782	2.669	2.640	2.476
解释方差变异（%）	23.180	22.240	21.998	20.634
累计解释方差变异（%）	23.180	45.420	67.417	88.052

注：提取方法为主成分分析；旋转法为最大变异法；特征值、解释方差变异为旋转后的取值。

四、初始问卷的修订

根据预调研阶段获得的反馈信息和相关领域专家的咨询建议，著者对问卷的填写指导语部分进行了修改，突出问卷的匿名性和填写的大致时间，并针对可能引起误解的题项进行了进一步修订，使问卷题项更加符合被调用者的阅读习惯。此外，为了进一步降低社会赞许性偏差和共同方法偏差对问卷质量的影响，对问卷题项的分布进行了调整，例如，将被调查者较易产生顾虑和心理压力的题项，如有关领导行为的问题后置；通过问卷结构设计，将研究的结果变量和影响变量分离；混合排列有关个人、领导和团队的题项等。经过上述处理，得到了本研究的最终问卷版本，用于接下来的大规模正式调研。

第五章　正式问卷的数据收集、处理和检验

第一节　样本的收集

在形成最终问卷之后，根据本书研究目的，参考《企业研究方法》[①]中关于抽样程序的要求，开展正式调研。本研究以中国企业员工为对象，问卷发放以工作团队为单位，要求每个团队的人数在3人以上，且每个团队至少由3名成员填写问卷。

调研采取方便抽样方式，选择湖北省、北京市和福建省的5家企业抽取样本。抽样调查的具体实施过程如下。

首先，确定被调研企业和样本。在前期沟通的基础上确定愿意协助进行问卷调查的企业名单，取得企业管理层的认可和支持。在获得企业管理层的支持之后，通过与企业人力资源部负责人的协商与讨论，确定调查问卷的发放和回收方法与流程，在确保调研科学性和保密性的同时，兼顾企业的实际情况。

其次，对样本及团队进行编码。由企业人力资源部根据本企业情况，以工作团队为单位对员工进行分组，并赋予每个团队一个唯一的团队代码。具体而言，工作团队应当是企业日常工作中实际存在的工作小组或部门，每个团队中包含的团队成员人数不得少于3人，且团队有明确的领导。人力资源部根据上述划分原则对企业内的工作团队编码，明确各团队的成员及领导。团队成员在填写问卷时，只需要填写人力资源部事先给定的团队编码，而不需要填写自己的姓名。

最后，发放和回收问卷。在企业人力资源部的协助下，向员工解释本调研的调查目的和意义、保证调研的匿名性，然后根据人力资源部提供的团队编码清单发放问卷。在本次调研中，问卷的发放和回收采用三种方法：对于湖北省的两家企业，采用现场走访的方式，由研究者与企业人力资源部工作人员在企业现场发放和回收问卷，针对员工在填写过程中的疑问及时给予帮助和指导。对位于北京市和福建省的两家企业，

---

① 荣泰生.企业研究方法[M].4版.台北：五南图书出版有限公司，2011：56—58.

由企业人力资源部组织，通过电子邮件的方式发放和回收问卷。湖北省的第三家企业由人力资源部组织员工填写纸质问卷，问卷按团队放入信封内回收，通过邮寄的方式转交研究者。

本研究共发放问卷 992 份，回收 858 份，回收率为 86.4%。对回收的问卷按照以下原则进行筛选。

（1）删除存在漏填现象的问卷；

（2）删除同一题项选择两个或以上答案的问卷；

（3）删除题项回答呈现明显规律，如大量题项连续选择同一个答案，或全部"Z"字形排列的问卷；

（4）如果多份问卷的答案雷同，删除雷同的全部问卷；

（5）如果同一个团队回收到的员工问卷少于 3 份，删除该团队的全部问卷。

根据上述原则筛选后，最终获得有效员工问卷 688 份，有效团队数 126 个。

第二节　样本的描述

在 688 名被试员工中，女性员工占 56.3%，男性员工占 43.8%，女性员工略多于男性员工，样本性别比例较为均衡。样本的年龄分布以 21～30 岁居多，占总人数的 59.2%，其次为 31～40 岁，占总人数的 27.6%，20 岁及以下、41～50 岁和 51 岁及以上的人数比例依次为 0.9%、11.6% 和 0.7%，因此样本以青年人为主。在受教育程度方面，样本的受教育程度集中在本科和大专及以下，两者人数之和占全部样本总数 98.2%。样本的工作年限分布则较为平均，以工作 1～5 年者居多，占总样本数的 37.5%，工作 1 年以下、6～10 年和 10 年以上者的分布比例较为均衡，依次为 21.5%、19.9% 和 21.1%。样本所属团队的规模以 6～10 人为主，占总样本数的 53.3%，其次是 11～15 人，占总样本数的 30.7%。在工作性质方面，样本的工作涉及管理、技术、生产、营销、财务、客服和其他领域，人数占比分别为 12.6%、5.8%、7.0%、17.2%、6.3%、42.6% 和 8.6%。其中，以客户服务和营销居多。样本的具体描述见表 5-1。

表5-1　样本的描述性统计分析

变　量	分　类	频数（人）	百分比（%）	累积百分比（%）
性　别	女性	387	56.3	56.3
	男性	301	43.8	100.0
年　龄	20岁及以下	6	0.9	0.9
	21～30岁	407	59.2	60.0
	31～40岁	190	27.6	87.6
	41～50岁	80	11.6	99.3
	51岁及以上	5	0.7	100.0
受教育程度	大专及以下	353	51.3	51.3
	本科	323	46.9	98.3
	硕士	11	1.6	99.9
	博士及以上	1	0.1	100.0
工作年限	1年以下	148	21.5	21.8
	1～5年	258	37.5	59.0
	6～10年	137	19.9	78.9
	10年以上	145	21.1	100
团队规模	5人及以下	40	5.8	5.8
	6～10人	367	53.3	59.2
	11～15人	211	30.7	89.8
	16人及以上	70	10.2	100.0
工作性质	管理	87	12.6	12.6
	技术	40	5.8	18.5
	生产	48	67.0	25.4
	营销	118	17.2	42.6
	财务	43	6.3	48.8
	客服	293	42.6	91.4
	其他	59	8.6	100

第三节　团队层次数据的转化

除个体层次上的变量外，研究所收集的数据也涉及团队导向授权型领导和团队授权两个团队层次上的变量。由于这两个团队层次变量都是通过对团队成员的问卷调查获得，故需要将个体层次数据加以聚合，转化成团队层次数据。

在将个体层次上的数据聚合到团队层次上之前，必须保证数据满足两个条件：一是该构念在集体层次上是有意义的；二是个体层次上获得的数据是能够聚合的，即具有足够的组内相关性[①]。在本研究中，团队导向授权型领导和团队授权两个变量都反映了团队成员对所在工作团队整体上的共识，因此具有集体层次上的意义，满足第一个条件；而上述两个变量在集体层次上的聚合是否具有有效性，则需要通过聚合检验来验证。

所以，将个体层次上的数据聚合到团队层次上之前，必须对个体层次上的数据进行聚合检验，即检验数据从个体层次转化到团队层次的组内与组间一致性。只有当数据的组内一致性较高，且组间差异较大时，对数据的聚合转化才是有效的。目前，学界在跨层次研究中普遍采用的聚合检验指标主要有三个，分别是内部一致性 rwg 值（Within-Group Agreement）、组内相关系数 ICC（1）（Intra Class Correlation 1）和组内相关系数 ICC（2）（Intra Class Correlation 2）。

具体而言，内部一致性 rwg 值反映了团队不同成员间回答同一问题时的一致性程度，它是跨层次分析中最为常用的内部一致性检验测度。rwg 的取值一般在 0 到 1 之间，通常认为其值大于 0.7 即表明数据的组内一致性满足聚合要求[②]。rwg 的计算公式有两种，分别用于计算单一测量题项和多测量题项的情况。

单一测量题项的 rwg 计算公式如下。

$$r_{wg(1)} = 1 - (S_x^2 / \sigma_E^2) \tag{5.1}$$

式中：

$r_{wg(1)}$ 代表团队中 k 个被测者对单一测量题项 X 分数的组内一致度；

S_x^2 代表测量得到的 X 分数的方差；

σ_E^2 代表假设所有被测者只受随机误差影响下所期望的 X 分数方差。

多测量题项的 r_{wg} 计算公式如下。

$$r_{wg(j)} = \frac{J[1 - (\overline{S}_{xj}^2 / \sigma_E^2)]}{J[1 - (\overline{S}_{xj}^2 / \sigma_E^2)] + (\overline{S}_{xj}^2 / \sigma_E^2)} \tag{5.2}$$

① Kenny, D. A., Voie, L. L.. Separating Individual and Group Effects[J]. *Journal of Personality & Social Psychology*, Vol. 48, No. 2(1985), pp. 339－348.

② 陈晓萍，徐淑英，樊景立.组织与管理研究的实证方法[M].北京：北京大学出版社，2008：46.

式中：

$r_{wg(j)}$ 代表团队中 k 个被测者在 j 个平行的测量题项上分数的组内一致度；

$\bar{S}_{xj}^2$ 代表在 j 个平行测量题项上团队所有成员分数方差的平均数；

σ_E^2 代表假设所有被测者只受随机误差影响下所期望的 X 分数方差。σ_E^2 的计算公式为 $\sigma_E^2 = (A^2 - 1)/12$，其中 A 代表测量题项答案选项的个数。

在本研究中，因为团队授权型领导测量量表和团队授权测量量表都是由多个测量题项构成的，故采用 $r_{wg(j)}$ 计算量表的组内一致性。计算结果显示，各组的团队导向授权型领导风格 r_{wg} 值均大于 0.7，符合要求；第 99 组的团队授权 r_{wg} 值略小于 0.7，等于 0.65，其余各组均大于 0.7。因此，在后续的跨层次分析中，将第 99 组的数据剔除，剩余共 125 组团队。

除了检测团队层次上的组间一致性，跨层次分析的聚合检验还需要检测团队之间的差异程度，通常通过计算 ICC，即组内相关系数来实现。在跨层次分析中，经常使用的是 ICC（1）和 ICC（2）这两个指标。ICC（1）反映团队成员在个体水平上的变异有多少是源于团队上的群体特征，其取值范围在 0 到 1 之间，较高的 ICC（1）值说明数据的组内一致性较好，且组间差异性较大。一般而言，当 ICC（1）大于 0.12 时，就可以认为变量在团队层次上的群体特征会显著影响变量的个体水平[1]。ICC（2）则反映了各团队分数间的差异程度，是指所测变量的团队均值的可靠程度。ICC（2）是 ICC（1）和样本量的函数，组内成员越多，ICC（2）的取值也会越大，而 ICC（1）则不会受到样本容量的影响。ICC（2）的范围在 0 到 1 之间，取值通常要求在 0.7 以上[2]。

ICC（1）的计算公式为。

$$ICC(1) = \frac{MSB - MSW}{MSB + [(N_G - 1) \times MSW]} \tag{5.3}$$

式中：MSB 代表组间均方差；MSW 代表组内均方差；N_G 代表团队内回答者的个数。

---

[1] 杨建锋，王重鸣.类内相关系数的原理及其应用[J].心理科学，2008(02)：434－437.

[2] 廖卉，庄媛嘉.多层次理论模型的建立及研究方法[M]//陈晓萍，徐淑英，樊景立编.组织与管理研究的实证方法.北京：北京大学出版社，2008：332－357.

由于本研究中各团队内的样本数不一致，因此，采用 Bliese 和 Halverson（1998）建议的方法计算 N_G 值 [1]，具体公式如下。

$$N_G = \frac{1}{k-1}\left(\sum_{i=1}^{k} N_i - \frac{\sum_{i=1}^{k} N_i^2}{\sum_{i=1}^{k} N_i}\right) \tag{5.4}$$

式中：k 代表团队个数；N_i 代表第 i 个团队中的回答者人数。

具体到本研究，团队的个数为 125（即 k=125），各团队内的回答者人数不等，最少 3 人，最多为 12 人，根据上述公式计算，可以得到本研究的 N_G 为 5.351。

ICC（2）的计算公式为：

$$ICC(2) = \frac{MSB - MSW}{MSB} \tag{5.5}$$

式中：MSB 代表组间均方差；MSW 代表组内均方差。

根据上述公式，计算本研究中两个团队层次变量的聚合检验指标，计算结果见表5-2。结果显示，团队授权型领导和团队授权这两个团队层次变量都具有显著的组间差异，且 ICC（1）和 ICC（2）系数值均满足检验要求（要求 ICC（1）> 0.12；ICC（2）>0.7)，说明团队授权型领导和团队授权这两个变量可以聚合到团队层次。在本研究中，取变量的团队平均数作为团队层次变量的观察值。

表5-2　团队变量的组内相关系数计算结果

变　量	组间差异性(F)	ICC（1）	ICC（2）
团队授权型领导	3.617***	0.329	0.724
团队授权	34.118***	0.368	0.757

注：*** 代表 p<0.001。

---

[1]　Bliese, P. D., Halverson, R. R.. Group size and measures of group-level properties: An examination of eta-squared and ICC values[J]. *Journal of Management*, Vol.24,No.2(1998),pp. 157－172.

第四节　数据的质量评估

一、测量题项的正态性检验

为了顺利进行数据的处理和分析，需要样本数据服从正态分布。本研究运用 SPSS 21.0 软件的描述分析功能计算各变量测量题项的偏度和峰度值，以验证测量题项是否服从正态分布。根据 Kine（1998）提出的判断标准，当样本的偏度和峰度的绝对值分别小于 3 和 10 时，可以认为样本的非严格标准正态分布特性不会对参数估计结果造成显著影响[①]。表 5-3 给出了研究数据的偏度和峰度值，从表中可以看到，本研究中各测量题项偏度和峰度绝对值均满足要求，表明本研究中各测量题项的分布虽然不是严格的标准正态分布，但是不会对参数估计的结果造成显著影响。

表5-3　测量题项的正态分布检验结果

题　项	样本数	均　值	标准差	偏　度		峰　度	
				统计量	标准误	统计量	标准误
MV1	688	2.71	0.892	0.187	0.093	0.095	0.186
MV2	688	2.86	0.906	0.087	0.093	-0.274	0.186
MV3	688	2.85	0.916	0.089	0.093	-0.124	0.186
MV4	688	3.09	0.868	-0.141	0.093	0.035	0.186
MV5	688	2.86	0.877	0.125	0.093	-0.134	0.186
HV1	688	3.14	0.928	-0.042	0.093	-0.216	0.186
HV2	688	3.22	0.85	-0.153	0.093	0.046	0.186
HV3	688	2.93	0.921	0.125	0.093	-0.202	0.186
HV4	688	2.88	0.908	0.29	0.093	-0.141	0.186
HV5	688	2.98	0.883	-0.093	0.093	-0.338	0.186
II1	688	2.9	0.845	0.221	0.093	0.311	0.186
II2	688	2.98	0.889	-0.032	0.093	-0.104	0.186
II3	688	3.02	0.94	0.1	0.093	-0.413	0.186
II4	688	3.05	0.857	0.189	0.093	-0.257	0.186

---

① Kline R B. *Principles and Practice of Structural Equation Modeling*[M].New York:The Guilford press, 1998.

续 表

题 项	样本数	均 值	标准差	偏 度		峰 度	
				统计量	标准误	统计量	标准误
II5	688	3.1	0.9	0.072	0.093	-0.351	0.186
PP1	688	3.58	0.882	-0.267	0.093	-0.053	0.186
PP2	688	3.65	0.809	-0.416	0.093	-0.09	0.186
PP3	688	3.22	0.874	0.138	0.093	-0.322	0.186
EL1	688	5.92	0.955	-0.735	0.093	0.163	0.186
EL2	688	5.89	0.925	-0.599	0.093	-0.023	0.186
EL3	688	5.66	0.968	-0.621	0.093	0.234	0.186
EL4	688	5.63	1.009	-0.429	0.093	-0.311	0.186
EL5	688	5.81	1.026	-0.6	0.093	-0.105	0.186
EL6	688	5.85	1.011	-0.774	0.093	0.355	0.186
EL7	688	5.9	0.976	-0.684	0.093	0.315	0.186
EL8	688	5.93	0.956	-0.59	0.093	-0.282	0.186
EL9	688	5.82	1.049	-0.752	0.093	0.251	0.186
EL10	688	5.92	1.029	-0.909	0.093	0.595	0.186
EL11	688	5.79	1.104	-0.817	0.093	0.474	0.186
EL12	688	5.64	1.087	-0.684	0.093	0.562	0.186
EL13	688	5.49	1.191	-0.781	0.093	0.658	0.186
EL14	688	5.66	1.121	-0.798	0.093	0.684	0.186
EL15	688	5.75	1.071	-0.667	0.093	-0.005	0.186
EL16	688	5.71	1.065	-0.562	0.093	-0.169	0.186
POF1	688	5.7	1.242	-1.096	0.093	1.029	0.186
POF2	688	5.54	1.296	-0.879	0.093	0.576	0.186
POF3	688	5.11	1.478	-0.75	0.093	-0.016	0.186
POF4	688	5.64	1.131	-0.66	0.093	-0.006	0.186
POF5	688	5.47	1.062	-0.555	0.093	0.396	0.186
PEF1	688	5.5	1.099	-0.627	0.093	0.378	0.186
PEF2	688	5.53	1.153	-0.628	0.093	0.019	0.186
PEF3	688	5.53	1.113	-0.644	0.093	0.522	0.186
PEF4	688	5.7	1.101	-0.868	0.093	0.481	0.186
PEF5	688	5.64	1.057	-0.681	0.093	0.239	0.186

续　表

题　项	样本数	均　值	标准差	偏　度		峰　度	
				统计量	标准误	统计量	标准误
PE1	688	5.68	1.068	-0.896	0.093	0.911	0.186
PE2	688	5.53	1.137	-0.748	0.093	0.57	0.186
PE3	688	5.51	1.198	-0.779	0.093	0.352	0.186
PE4	688	5.94	1.005	-0.794	0.093	0.053	0.186
PE5	688	5.74	1.058	-0.731	0.093	0.487	0.186
PE6	688	5.56	1.111	-0.863	0.093	0.662	0.186
PE7	688	5.92	0.895	-0.697	0.093	0.206	0.186
PE8	688	5.86	0.923	-0.702	0.093	0.4	0.186
PE9	688	5.57	1.061	-0.774	0.093	0.46	0.186
PE10	688	5.51	1.071	-0.597	0.093	0.062	0.186
PE11	688	5.57	1.028	-0.563	0.093	-0.017	0.186
PE12	688	5.3	1.118	-0.522	0.093	0.075	0.186
LT1	688	5.09	1.23	-0.19	0.093	-0.747	0.186
LT2	688	4.94	1.282	-0.284	0.093	-0.407	0.186
LT3	688	4.96	1.253	-0.261	0.093	-0.502	0.186
LT4	688	5.88	1.062	-0.896	0.093	0.391	0.186
LT5	688	5.96	1.059	-0.881	0.093	0.47	0.186
TE1	688	5.99	1.03	-0.989	0.093	0.934	0.186
TE2	688	5.94	1.048	-0.959	0.093	0.791	0.186
TE3	688	6.01	0.981	-0.852	0.093	0.46	0.186
TE4	688	5.89	0.944	-0.81	0.093	0.798	0.186
TE5	688	5.91	0.942	-0.682	0.093	0.149	0.186
TE6	688	5.88	0.929	-0.879	0.093	1.082	0.186
TE7	688	5.97	0.914	-0.747	0.093	0.472	0.186
TE8	688	6.01	0.911	-0.742	0.093	0.237	0.186
TE9	688	5.97	0.94	-0.853	0.093	1.005	0.186
TE10	688	5.61	1.012	-0.616	0.093	0.613	0.186
TE11	688	5.5	1.099	-0.541	0.093	0.016	0.186
TE12	688	5.01	1.431	-0.727	0.093	0.33	0.186

二、正式问卷的信度与效度检验

（一）正式问卷的信度检验

预调研问卷采用了 Cronbach's α 系数和 CITC 值检验问卷信度，在正式调研阶段，仅通过 Cronbach's α 系数评估问卷的信度。根据 Nunnally（1978）的建议，量表的 Cronbach's α 系数大于 0.7 时，表明量表的信度可以接受，大于 0.8 说明量表具有很好的信度。在本研究中，使用 SPSS 21.0 统计软件进行信度分析，员工问卷的分析结果见表 5-4。结果显示，问卷中各变量的 Cronbach's α 系数均在 0.7 以上，满足检验标准。因此，可以认为在本研究中，各变量测量量表的信度符合研究要求。

表5-4　正式员工问卷的信度检验

变　　量		题项数量	Cronbach's α	
变量名	维　　度		维度Cronbach's α	变量Cronbach's α
授权型领导	参与决策	4	0.858	0.941
	提供指导	4	0.883	
	共享信息	4	0.869	
	关心下属	4	0.890	
促进性建言行为		5		0.875
抑制性建言行为		5		0.836
个人创新行为		5		0.861
问题预防行为		3		0.764
心理授权	工作意义	3	0.826	0.907
	自我效能	3	0.778	
	工作自主性	3	0.803	
	工作影响力	3	0.889	
下属对领导信任		5		0.935
促进型调节焦点		5		0.792
防御型调节焦点		5		0.790
团队授权	团队效能感	3	0.871	0.921
	团队工作意义	3	0.897	
	团队自主性	3	0.810	
	团队影响力	3	0.916	

(二)正式问卷的效度检验

对问卷进行效度分析之前，首先要检验问卷是否存在违犯估计，即结构或测量模型统计输出的估计系数是否存在超出可接受范围的情况。按照黄芳铭（2005）的解释，违犯估计主要包括三种情况：标准化系数超过或太接近 1（一般以 0.95 为标准）；存在负的误差变异数；有太大的标准误[①]。违犯估计的存在表明模型的估计不正确，因此，只有当模型中没有违犯估计的现象时，才能进行模型的适配度检验和效度检验。

用于模型整体适配度检验的指标有很多，本研究在参考相关文献的基础上，选择卡方与自由度比值 χ^2/df、近似残差均方根 RMSE、适配度指数 GFI、修正适配度指数 AGFI、标准拟合指数 NFI、修正拟合指数 IFI 和比较拟合指数 CFI 等指标作为本研究的适配度检验指标。其中，有学者要求 χ^2/df 取值不超过 3，但不少学者认为当样本量较大时，小于 5 也是可以接受的范围[②]，故本研究以小于 5 作为检验标准；RMSE 值越接近 0，说明模型的拟合性越佳，小于 0.08 为拟合较好，大于 0.1 则不可接受；GFI、AGFI、NFI、IFI 和 CFI 指标则要求越接近 1 越好，一般认为指标值在 0.9 以上时表明拟合较好，大于 0.85 即可接受。根据上述标准，表 5-5 对本研究中的拟合指标检验标准进行了归纳。

表5-5　模型拟合指标的检验标准

指　标	检验标准	
	更　佳	可接受
χ^2/df	<3	<5
RMSE	<0.05	<0.08
GFI	>0.9	>0.85
AGFI	>0.9	>0.85
NFI	>0.9	>0.85
IFI	>0.9	>0.85
CFI	>0.9	>0.85

---

① 黄芳铭.结构方程模式：理论与应用[M].北京：中国税务出版社，2005：143.

② 侯杰泰，温忠麟，成子娟.结构方程模型及其应用[M].北京：科学教育出版社，2004：105－106.

在预调研探索性因子分析的基础上，正式问卷对研究变量的聚合效度、判别效度和模型适配性进行检查。对正式问卷的聚合效度检验通过验证性因子分析计算指标的标准化因子载荷数、构念或维度组合信度值 CR（Composite Reliability）和平均变异数抽取量 AVE（Average Variances Extracted）来实现。对于一个聚合效度良好的构念而言，其各题项的标准化因子载荷应当不小于 0.5，组合效度 CR 值应当在 0.6 以上，平均变异数抽取量 AVE 应当大于 0.5[①]。

其中，组合信度 CR 值反映了潜变量各测项的一致性程度，其计算公式为。

$$CR = \left. (\sum \lambda)^2 \middle/ \left[(\sum \lambda)^2 + \sum (\theta) \right] \right. \tag{5.6}$$

式中：CR 表示组合信度；λ 代表观测变量在潜变量上的标准化载荷；θ 代表观测变量的测量误差。

平均变异数抽取量 AVE 的计算公式为。

$$AVE = \left. \sum (\lambda^2) \middle/ \left[\sum (\lambda^2) + \sum (\theta) \right] \right. \tag{5.7}$$

式中：AVE 表示潜变量的平均变异数抽取量；λ 代表观测变量在潜变量上的标准化载荷；θ 代表观测变量的测量误差。

在区分效度方面，采用 Fornell 和 Larcker（1981）等学者提供的方法，通过比较构念的 AVE 平方根和该构念与其他构念间的相关系数值来进行检验[②]。一般认为，当构念的 AVE 平方根大于构念间的相关系数值时，该量表具有较好的区分效度。

以上述原则为依据，下面对本研究正式问卷中的各个构念进行效度检验。

[①]　吴明隆.结构方程模型：AMOS的操作与影响（第2版）[M].重庆：重庆大学出版社，2010：227.

[②]　Fornell, C., Larcker, D. F.. Evaluating Structural Equation Models with Unobservable Variables and Measurement Error[J].*Journal of Marketing Research*, Vol. 18, No.1(1981), pp. 39—50.

1. 授权型领导的效度检验

本研究使用 AMOS17.0 软件对正式问卷数据进行效度检验，构建的授权型领导测量模型如图 5-1 所示。

首先，对量表进行违犯估计检验，授权型领导量表的标准化系数在 0.663 和 0.917 之间，满足小于 0.95 的要求，并且没有负的误差变异，也不存在较大的标准误差，说明模型不存在违犯估计，可以进行模型适配度和效度检验。

授权型领导量表适配性分析结果如表 5-6 所示。从表中可以看出，各适配度指标均满足检验标准：χ^2/df 为 4.598，小于临界值 5；RMSE 为 0.072，小于 0.08；GFI、AGFI、NFI、IFI 和 CFI 分别为 0.922、0.892、0.941、0.953 和 0.953，除 AGFI 指标略小于 0.9，达到 0.85 的可接受范围，其他均超过 0.9，说明授权型领导模型的拟合较好。

在聚合效度方面，授权型领导量表各个题项的标准化因子载荷都在 0.5 以上，各潜变量的组合效度 CR 值分别为 0.861、0.884、0.876 和 0.894，均大于 0.6 的判断标准；平均方差萃取量 AVE 值分别为 0.608、0.656、0.640 和 0.681，均在 0.5 以上，表明授权型领导量表的聚合效度符合要求。在区分效度方面，表 5-7 列出了各潜变量的 AVE 平方根值和各潜变量间的相关系数值。其中，对角线括号内数值为各潜变量的 AVE 平方根值，其他数值为变量间的相关系数值。从表中可以看出，授权型领导量表的四个潜变量 AVE 平方根均大于该潜变量与其他潜变量间的相关系数，说明授权型领导量表具有良好的区分效度。

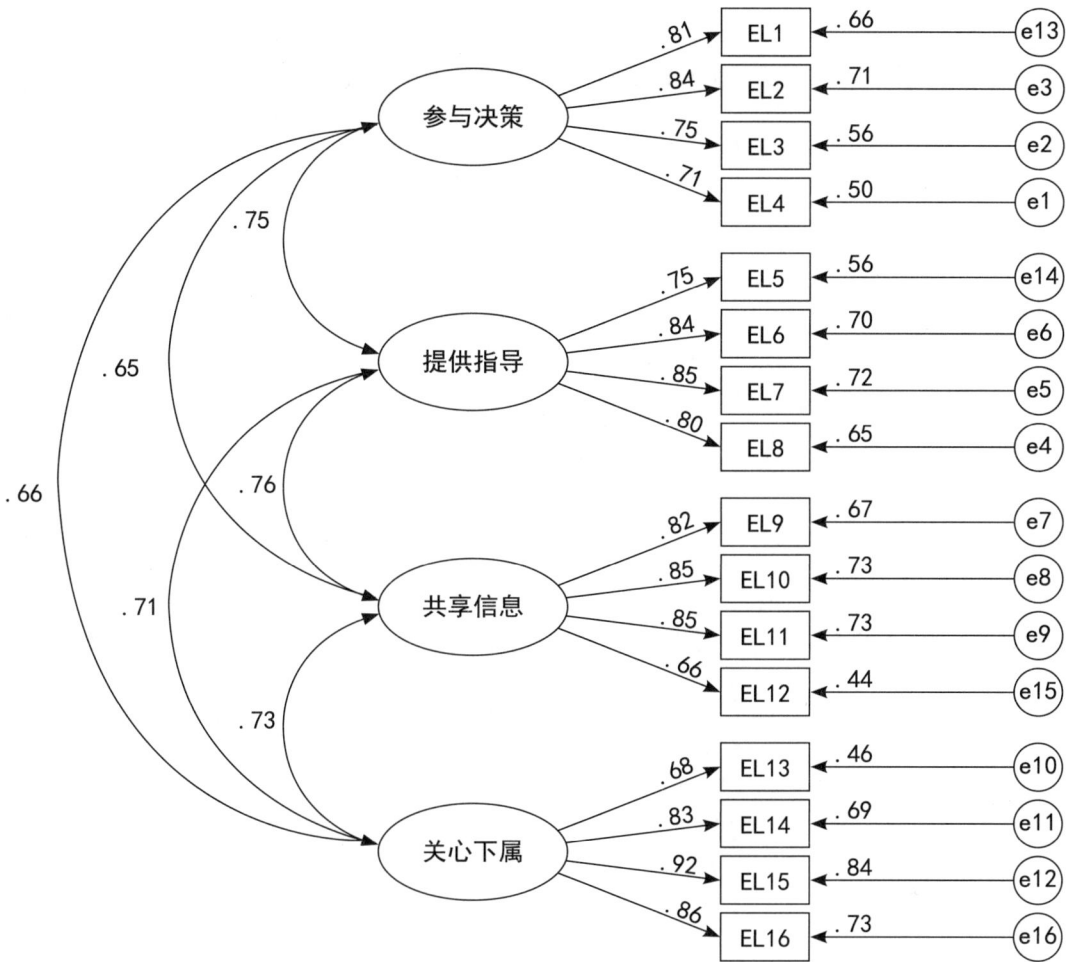

图5-1　授权型领导量表验证性因子分析模型

表5-6　授权型领导量表验证性因子分析结果

潜变量	题　项	标准化因子载荷	标准误	测量误差	CR	AVE
参与决策	EL1	0.813		0.339	0.861	0.608
	EL2	0.844	0.042	0.287		
	EL3	0.748	0.045	0.441		
	EL4	0.706	0.047	0.501		
提供指导	EL5	0.745		0.445	0.884	0.656
	EL6	0.839	0.05	0.296		
	EL7	0.847	0.048	0.283		
	EL8	0.804	0.048	0.353		
共享信息	EL9	0.818		0.331	0.876	0.640

续　表

潜变量	题　项	标准化因子载荷	标准误	测量误差	CR	AVE
共享信息	EL10	0.853	0.04	0.273		
	EL11	0.851	0.043	0.275		
	EL12	0.663	0.045	0.561		
关心下属	EL13	0.678		0.54	0.894	0.681
	EL14	0.831	0.059	0.309		
	EL15	0.917	0.057	0.16		
	EL16	0.857	0.056	0.266		
适配度指标	χ^2/df =4.598，RMSE=0.072，GFI=0.922；AGFI=0.893；NFI=0.942；IFI=0.953；CFI=0.953					

表5-7　授权型领导量表的区分效度分析

潜变量	参与决策	提供指导	共享信息	关心下属
参与决策	(0.780)			
提供指导	0.748	(0.810)		
共享信息	0.645	0.762	(0.800)	
关心下属	0.661	0.714	0.726	(0.825)

2. 主动工作行为的效度检验

四种主动工作行为的测量题项共有 18 题，运用 AMOS17.0 软件构建的主动工作行为模型如图 5-2 所示。

首先，对量表进行违犯估计的检验，主动工作行为量表题项的标准化系数在 0.615 和 0.820 之间，满足小于 0.95 的要求，并且没有负的误差变异，也不存在较大的标准误差，说明模型不存在违犯估计，可以进行模型适配度和效度检验。

主动工作行为量表验证性因子分析结果如表 5-8 所示。从表中可以看出，各适配度指标均满足检验标准：χ^2/df 为 4.211，小于临界值 5；RMSE 为 0.068，小于 0.08；GFI、AGFI、NFI、IFI 和 CFI 分别为 0.913、0.885、0.914、0.933 和 0.933，除 AGFI 指标略小于 0.9，达到 0.85 的可接受范围，其他均超过 0.9，说明主动工作行为模型的拟合较好。

在聚合效度方面，主动工作行为量表各个题项的标准化因子载荷都在 0.5 以上，各潜变量的组合效度 CR 值分别为 0.876、0.841、0.863 和 0.780，均大于 0.6 的判断标准；平均方差萃取量 AVE 值分别为 0.586、0.515、0.557 和 0.544，均在 0.5 以上，表明主动工作行为量表的聚合效度符合要求。在区分效度方面，表 5-9 中列出了各潜变量的 AVE 平方根值和各潜变量间的相关系数值。其中，对角线括号内数值为各潜变量的 AVE 平方根值，其他数值为变量间的相关系数值。从表中可以看出，主动工作行为量表的四个潜变量 AVE 平方根均大于该潜变量与其他潜变量间的相关系数，说明促进性建言行为、抑制性建言行为、个人创新行为和问题预防行为这四种主动工作行为之间，具有良好的区分效度。

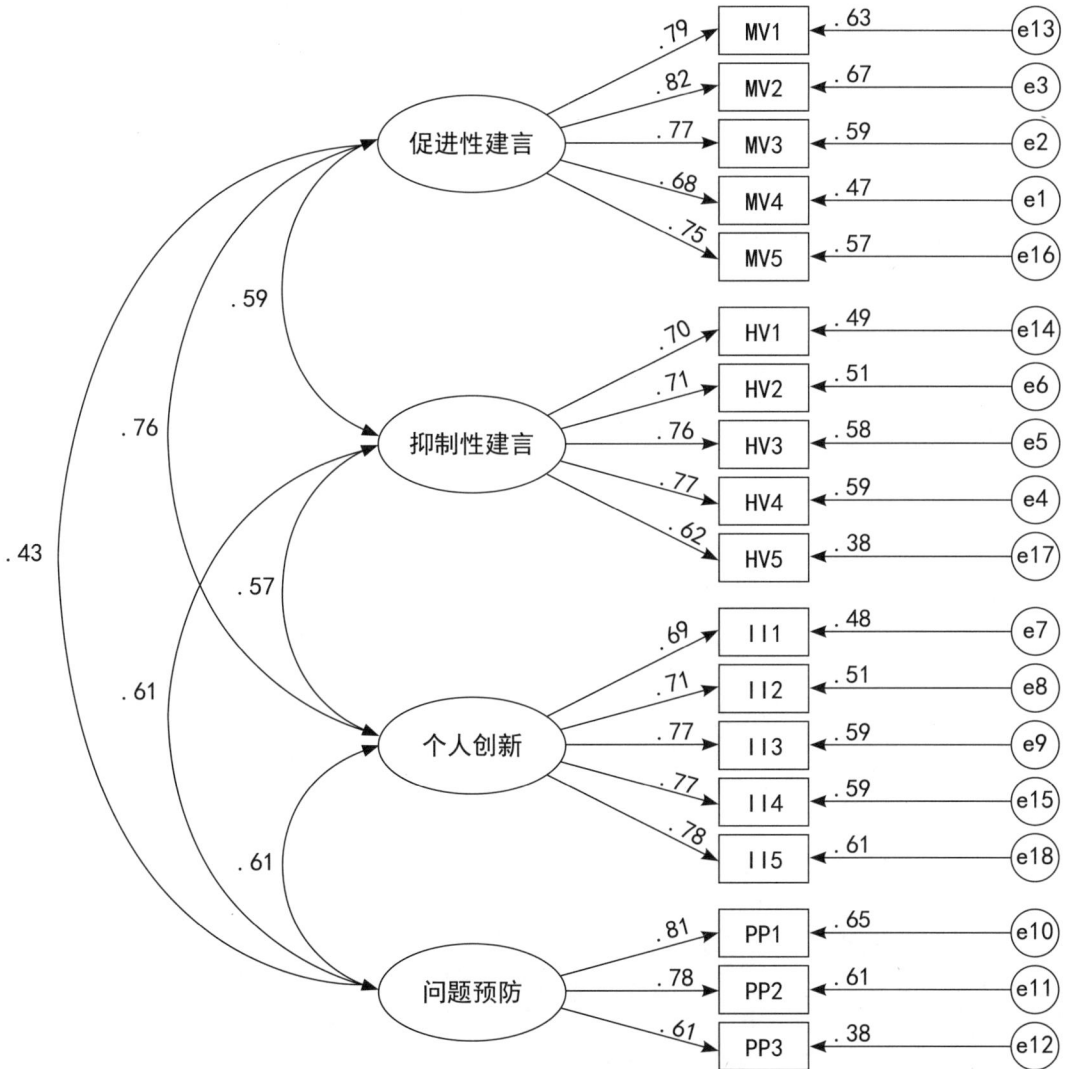

图5-2　主动工作行为量表验证性因子分析模型

表5-8 主动工作行为量表验证性因子分析结果

潜变量	题 项	标准化因子载荷	标准误	测量误差	CR	AVE
促进性建言行为	MV1	0.795		0.368	0.876	0.586
	MV2	0.820	0.045	0.328		
	MV3	0.769	0.047	0.408		
	MV4	0.684	0.045	0.532		
	MV5	0.753	0.045	0.433		
抑制性建言行为	HV1	0.703		0.506	0.841	0.515
	HV2	0.711	0.056	0.494		
	HV3	0.764	0.061	0.417		
	HV4	0.771	0.060	0.406		
	HV5	0.618	0.057	0.618		
个人创新行为	II1	0.691		0.523	0.863	0.557
	II2	0.715	0.064	0.489		
	II3	0.771	0.068	0.406		
	II4	0.769	0.062	0.409		
	II5	0.782	0.066	0.389		
问题预防行为	PP1	0.805		0.352	0.780	0.544
	PP2	0.779	0.049	0.394		
	PP3	0.615	0.051	0.622		
适配度指标	x^2/df =4.211，RMSE=0.068，GFI=0.913；AGFI=0.885；NFI=0.914；IFI=0.933；CFI=0.933					

表5-9　主动工作行为量表的区分效度分析

潜变量	促进性建言	抑制性建言	个人创新	问题预防
促进性建言	(0.766)			
抑制性建言	0.586	(0.718)		
个人创新	0.760	0.573	(0.746)	
问题预防	0.430	0.605	0.606	(0.738)

3. 心理授权的效度检验

图 5-3 是运用 AMOS17.0 软件构建的心理授权模型，心理授权的测量题项共有 12 题。按要求先对量表进行违犯估计的检验，心理授权量表题项的标准化系数在 0.686 和 0.875 之间，满足小于 0.95 的要求，且没有负的误差变异，也不存在较大的标准误差，说明模型不存在违犯估计，可以进行模型适配度和效度检验。

表 5-10 列出了心理授权量表的具体验证性因子分析结果，从表中可以看出，各适配度指标均满足检验标准：χ^2/df 为 4.945，小于临界值 5；RMSE 为 0.076，小于 0.08；GFI、AGFI、NFI、IFI 和 CFI 分别为 0.946、0.906、0.952、0.961 和 0.961，全部都超过了更佳要求的临界值 0.9，说明心理授权模型的拟合较好。

在聚合效度方面，心理授权量表各个题项的标准化因子载荷都在 0.5 以上，各潜变量的组合效度 CR 值分别为 0.835、0.792、0.809 和 0.889，均大于 0.6 的判断标准；平均方差萃取量 AVE 值分别为 0.629、0.561、0.585 和 0.727，全部大于 0.5 的判断标准，表明心理授权量表的聚合效度符合要求。在区分效度方面，表 5-11 中列出了各潜变量的 AVE 平方根值和各潜变量间的相关系数值。其中，对角线括号内数值为各潜变量的 AVE 平方根值，其他数值为变量间的相关系数值。从表中可以看出，心理授权量表的四个潜变量 AVE 平方根均大于该潜变量与其他潜变量间的相关系数，说明心理授权量表具有良好的区分效度。

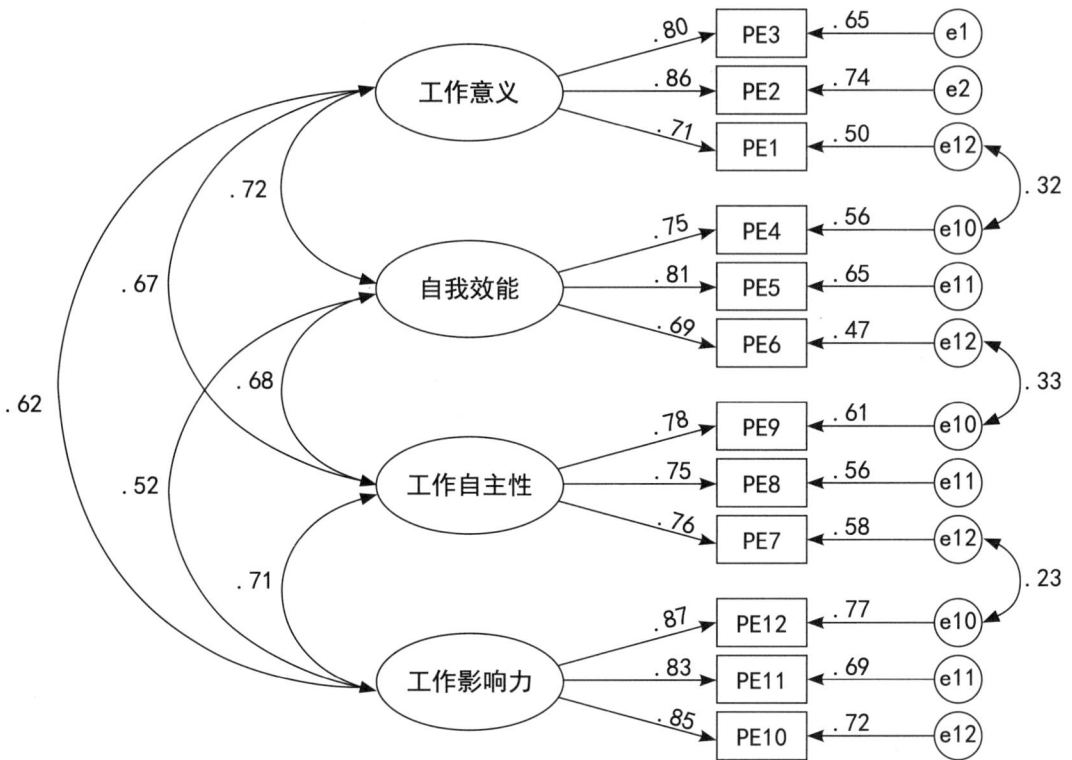

图5-3　心理授权量表验证性因子分析模型

表5-10　心理授权量表验证性因子分析结果

潜变量	题　项	标准化因子载荷	标准误	测量误差	CR	AVE
工作意义	PE1	0.706		0.501	0.835	0.629
	PE2	0.861	0.064	0.278		
	PE3	0.804	0.066	0.306		
自我效能	PE4	0.746		0.235	0.792	0.561
	PE5	0.809	0.060	0.258		
	PE6	0.686	0.066	0.353		
工作自主性	PE7	0.762		0.444	0.809	0.585
	PE8	0.751	0.051	0.346		
	PE9	0.782	0.055	0.530		
工作影响力	PE10	0.850		0.420	0.889	0.727
	PE11	0.833	0.039	0.436		
	PE12	0.875	0.038	0.388		
适配度指标	x^2/df =4.945，RMSE=0.076，GFI=0.946；AGFI=0.906；NFI=0.952；IFI=0.961；CFI=0.961					

表5-11　心理授权量表的区分效度分析

潜变量	工作意义	自我效能	工作自主性	工作影响力
工作意义	(0.793)			
自我效能	0.723	(0.749)		
工作自主性	0.672	0.682	(0.765)	
工作影响力	0.623	0.525	0.714	(0.853)

4. 下属对领导信任的效度检验

下属对领导信任的测量题项有 5 题，运用 AMOS17.0 软件构建下属对领导信任模型如图 5-4 所示。按要求先对量表进行违犯估计的检验，下属对领导信任量表题项的标准化系数在 0.752 和 0.942 之间，满足小于 0.95 的要求，且没有负的误差变异，也不存在较大的标准误差，说明模型不存在违犯估计，可以进行模型适配度和效度检验。

表 5-12 列出了下属对领导信任量表的适配性分析结果，从表中可以看出，各适配度指标均满足检验标准：χ^2/df 为 4.270，小于临界值 5；RMSE 为 0.069，小于 0.08；GFI、AGFI、NFI、IFI 和 CFI 分别为 0.995、0.963、0.997、0.998 和 0.998，全部都超过了更佳要求的临界值 0.9，说明下属对领导信任量表具有良好的适配度。

在聚合效度方面，下属对领导信任量表各个题项的标准化因子载荷都在 0.5 以上，潜变量的组合效度 CR 值为 0.920，远大于 0.6 的判断标准；平均方差萃取量 AVE 值为 0.698，大于 0.5 的判断标准，表明下属对领导信任量表具有很好的聚合效度。因下属对领导信任量表是一个单维度量表，因此，不需检验其区别效度。

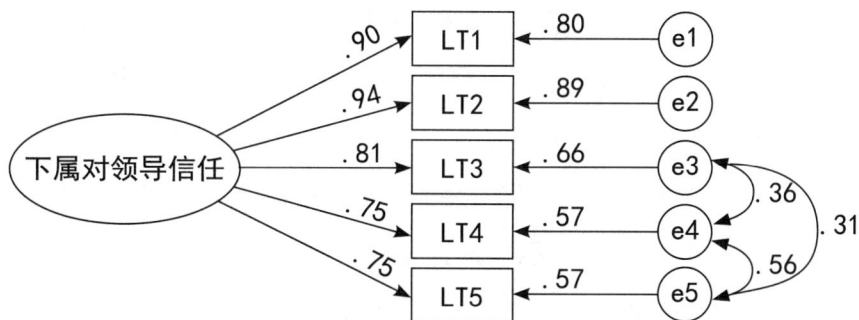

图5-4　下属对领导信任量表验证性因子分析模型

表5-12　下属对领导信任表验证性因子分析结果

潜变量	题　项	标准化因子载荷	标准误	测量误差	CR	AVE
下属对领导	LT1	0.897		0.196	0.920	0.698
信　任	LT2	0.942	0.029	0.112		
	LT3	0.814	0.031	0.338		
	LT4	0.755	0.033	0.430		
	LT5	0.752	0.031	0.434		
适配度指标	χ^2/df=4.270，RMSE=0.069，GFI=0.995；AGFI=0.963；NFI=0.997；IFI=0.998；CFI=0.998					

5. 特质性调节焦点的效度检验

特质性调节焦点的测量题项共有 10 题，使用 AMOS17.0 软件构建特质性调节焦点模型如图 5-5 所示。同样先对量表进行违犯估计的检验，特质性调节焦点量表题项的标准化系数在 0.645 和 0.817 之间，满足小于 0.95 的要求，且没有负的误差变异，也不存在较大的标准误差，说明模型不存在违犯估计，可以进行模型适配度和效度检验。

特质性调节焦点量表的适配性分析结果如表 5-13 所示，从表中可以看出，各适配度指标均满足检验标准：χ^2/df 为 2.477，小于更严格的临界值 3；RMSE 为 0.046，满足小于 0.05 的更佳要求；GFI、AGFI、NFI、IFI 和 CFI 分别为 0.977、0.962、0.973、0.984 和 0.984，全部都超过了 0.9 的更佳要求，说明特质性调节焦点模型具有非常好的拟合性。

在聚合效度方面，特质性调节焦点量表各个题项的标准化因子载荷都在 0.5 以上，各潜变量的组合效度 CR 值分别为 0.846 和 0.863，均大于 0.6 的判断标准；平均方差萃取量 AVE 值分别为 0.526 和 0.559，均大于 0.5 的判断标准，表明特质性调节焦点量表的聚合效度符合要求。在区分效度方面，表 5-14 中列出了促进型调节焦点和防御型调节焦点两个潜变量的 AVE 平方根值和两者间的相关系数值。其中，对角线括号内数值为各潜变量的 AVE 平方根值，无括号的数值为变量间的相关系数值。从表中可以看出，促进型调节焦点和防御型调节焦点两个潜变量的 AVE 平方根远大于两者间的相关系数，说明促进型调节焦点和防御型调节焦点两个维度之间具有良好的区分效度。

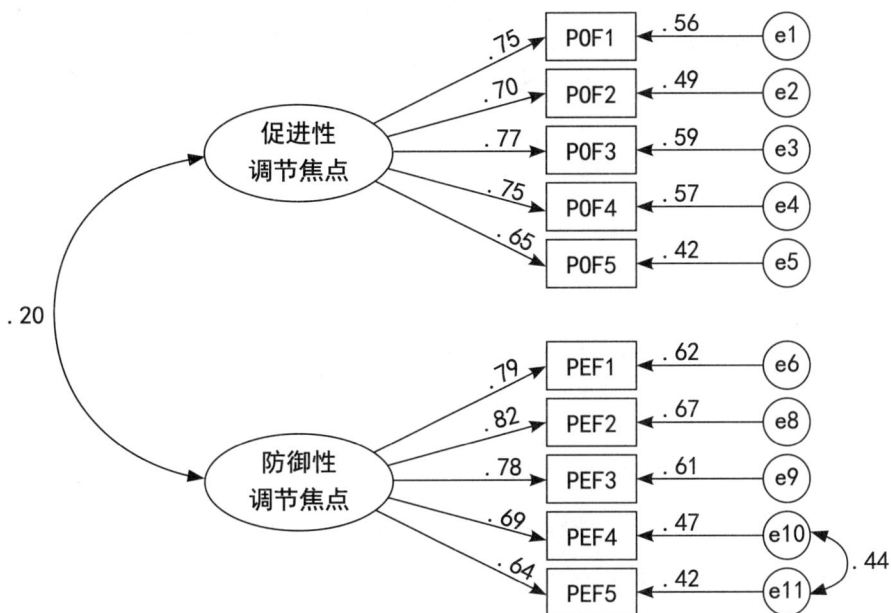

图5-5　特质性调节焦点量表验证性因子分析模型

表5-13　特质性调节焦点量表验证性因子分析结果

潜变量	题　项	标准化因子载荷	标准误	测量误差	CR	AVE
促进型	POF1	0.749		0.439	0.847	0.526
调节焦点	POF2	0.699	0.051	0.511		
	POF3	0.771	0.053	0.406		
	POF4	0.752	0.056	0.435		
	POF5	0.650	0.054	0.578		
防御型	PEF1	0.787		0.381	0.863	0.559
调节焦点	PEF2	0.817	0.047	0.333		
	PEF3	0.784	0.047	0.385		
	PEF4	0.689	0.051	0.526		
	PEF5	0.645	0.054	0.584		
适配度指标	x^2/df =2.477, RMSE=0.046, GFI=0.977；AGFI=0.962；NFI=0.973；IFI=0.984；CFI=0.984					

表5-14　特质性调节焦点量表的区分效度分析

潜变量	促进型调节焦点	防御型调节焦点
促进型调节焦点	(0.725)	
防御型调节焦点	0.197	(0.748)

6. 团队授权的效度检验

图 5-6 是运用 AMOS17.0 软件构建的团队授权模型，团队授权的测量题项共有 12 题。按要求先对量表进行违犯估计的检验，团队授权量表题项的标准化系数在 0.621 和 0.925 之间，满足小于 0.95 的要求，且没有负的误差变异，也不存在较大的标准误差，说明模型不存在违犯估计，可以进行模型适配度和效度检验。

团队授权量表验的适配性分析结果见表 5-15。从表中可以看出，各适配度指标均满足检验标准：χ^2/df 为 4.568，小于临界值 5；RMSE 为 0.072，小于 0.08；GFI、AGFI、NFI、IFI 和 CFI 分别为 0.952、0.918、0.966、0.973 和 0.973，全部都超过了临界值 0.9，说明团队授权模型的拟合较好。

在聚合效度方面，团队授权量表各个题项的标准化因子载荷都在 0.5 以上，各潜变量的组合效度 CR 值分别为 0.872、0.926、0.827 和 0.919，均远大于 0.6 的判断标准；平均方差萃取量 AVE 值分别为 0.695、0.809、0.619 和 0.790，均远大于 0.5 的判断标准，表明团队授权量表具有很好的聚合效度。在区分效度方面，表 5-16 中列出了各潜变量的 AVE 平方根值和各潜变量间的相关系数值。其中，对角线括号内数值为各潜变量的 AVE 平方根值，其他数值为变量间的相关系数值。从表中可以看出，团队授权量表的四个潜变量 AVE 平方根均大于该潜变量与其他潜变量间的相关系数，说明团队授权量表具有良好的区分效度。

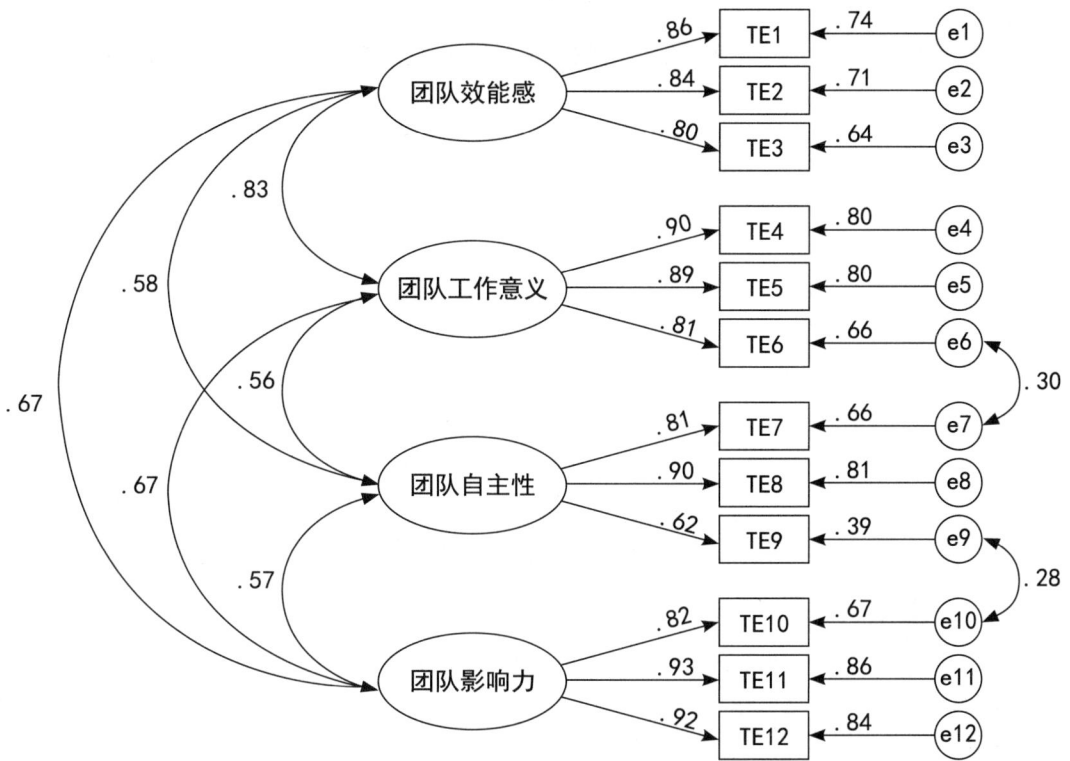

图5-6　团队授权量表验证性因子分析模型

表5-15　团队授权量表验证性因子分析结果

潜变量	题　项	标准化因子载荷	标准误	测量误差	CR	AVE
团队效能感	TE1	0.861		0.259	0.872	0.695
	TE2	0.840	0.036	0.295		
	TE3	0.798	0.037	0.364		
团队工作意义	TE4	0.895		0.198	0.926	0.809
	TE5	0.894	0.030	0.201		
	TE6	0.810	0.033	0.344		
团队自主性	TE7	0.815		0.336	0.827	0.619
	TE8	0.898	0.053	0.194		
	TE9	0.621	0.064	0.614		
团队影响力	TE10	0.822		0.325	0.919	0.790
	TE11	0.925	0.032	0.144		
	TE12	0.917	0.034	0.159		
适配度指标	x^2/df =4.568，RMSE=0.072，GFI=0.952；AGFI=0.918；NFI=0.966；IFI=0.973；CFI=0.973					

表5-16　团队授权量表的区分效度分析

潜变量	团队效能感	团队工作意义	团队自主性	团队影响力
团队效能感	(0.834)			
团队工作意义	0.833	(0.899)		
团队自主性	0.581	0.561	(0.787)	
团队影响力	0.666	0.668	0.574	(0.889)

第五节　相关性分析

表 5-17 列出了采用 Pearson 相关分析计算得到的员工层次和团队层次各变量间的相关系数。从表中可以看到，年龄、性别、教育程度和工作年限等人口统计变量与四种主动工作行为之间存在相关关系，因此，在后续的回归分析中，有必要将这些人口统计变量作为控制变量进入模型。在员工层次上，员工导向授权型领导与促进性建言行为、抑制性建言行为、个人创新行为和问题预防行为的相关系数分别为 0.337、0.325、0.361 和 0.375，在 $p < 0.001$ 水平上显著；心理授权、下属对领导信任对上述四种主动工作行为均存在显著正向影响，在 $p < 0.001$ 水平上显著；促进型调节焦点与促进性建言行为、抑制性建言行为、个人创新行为和问题预防行为均正向相关，在 $p < 0.001$ 水平上显著；防御型调节焦点在 $p < 0.001$ 水平上对促进性建言行为、个人创新行为有显著正向影响，但与抑制性建言行为和问题预防行为不相关。在团队层次上，团队导向授权型领导与团队授权在 $p < 0.001$ 水平上显著正相关。此外，注意到各变量间的相关系数均在 0.7 以下，也即是说变量间不存在高度相关，因此可以初步判断本研究变量间不存在显著的多重共线性问题。不过，为了确保研究不会受到多重共线性的干扰，在之后的回归分析中，还会进一步对多重共线性问题加以检验。

表5-17　Pearson相关分析结果

员工层次变量

	1	2	3	4	5	6	7	8	9	10	11	12	13
1	1												
2	0.322***	1											
3	-0.077	-0.108*	1										
4	0.179***	0.665***	-0.062	1									
5	0.211***	0.097*	0.018	0.129**	1								
6	0.187***	0.161***	-0.052	0.127**	0.519***	1							
7	0.147***	0.062	0.098**	0.042	0.665***	0.501***	1						
8	0.072	0.062	0.110**	-0.026	0.385***	0.517***	0.529***	1					
9	0.022	-0.115**	0.000	-0.123**	0.337***	0.325***	0.361***	0.375***	1				
10	0.115**	0.002	0.065	0.050	0.534***	0.256***	0.510***	0.318***	0.400***	1			
11	0.043	0.117**	-0.016	0.142**	0.043	0.343***	0.029	0.320***	0.174***	0.171***	1		
12	0.096*	0.079*	-0.002	0.086*	0.416***	0.318***	0.449***	0.373***	0.510***	0.541***	0.304***	1	
13	-0.014	-0.121**	0.087*	-0.098*	0.206***	0.251***	0.318***	0.362***	0.629***	0.324***	0.214***	.526***	1

团队层次变量

	1	2
1	1	
2	0.671***	1

注：员工层次：1—性别；2—年龄；3—教育程度；4—工作年限；5—促进性建言；6—抑制性建言；7—个人创新；8—问题预防；9—员工导向授权型领导；10—促进型调节焦点；11—防御型调节焦点；12—心理授权；13—下属对领导信任；其中性别、年龄、教育程度、工作年限均为类别变量；$N=692$。团队层次：1—团队导向授权型领导；2—团队授权；$N=125$。表示 $p<0.05$；** 表示 $p<0.01$；*** 表示 $p<0.001$。

135

第六章　员工层次数据的分析与假设检验

第一节　授权型领导的直接效应检验

第四章相关分析的初步分析结果显示，授权型领导对促进性建言行为、抑制性建言行为、个人创新行为和问题预防行为正向相关。考虑到年龄、性别、教育程度和工作年限等人口统计变量可能对主动工作行为存在较大影响，从而对研究产生干扰，本节在对人口统计变量加以控制的基础上，构建层次回归模型，进一步检验授权型领导对上述四种主动工作行为的直接效应，并检验模型中各变量是否存在严重的多重共线性问题。

使用SPSS21.0软件进行层次回归的分析结果见表6-1至表6-4。首先将年龄、性别、教育程度和工作年限四个人口统计学变量作为自变量，促进性建言行为（模型1）、抑制性建言行为（模型3）、个人创新行为（模型5）和问题预防行为（模型7）分别作为因变量构建回归模型；然后将四个人口统计学变量作为控制变量，授权型领导作为自变量，促进性建言行为（模型2）、抑制性建言行为（模型4）、个人创新行为（模型6）和问题预防行为（模型8）分别作为因变量构建回归模型。各变量的多重共线性检验采取容忍度和方差膨胀因子（Variance Inflation Factor，VIF）两个指标进行判断，容忍度大于0.1、VIF指标值在10以下即说明变量间不存在严重的多重共线性问题[1]。

回归分析的结果显示，性别对促进性建言行为、抑制性建言行为和个人创新行为均存在显著影响，年龄仅对问题预防行为有显著影响，教育程度对个人创新行为和问题预防行为有显著影响，工作年限对促进性建言行为和问题预防行为有显著影响。在控制了上述人口统计变量对促进性建言行为的影响之后，员工导向授权型领导对促进性建言行为的回归模型F值检验达到显著水平（$F = 29.067$，$p < 0.001$），模型解释变异量提高12.0%，员工导向授权型领导对促进性建言行为有显著的正向影响（$\beta = 0.350$，

---

① 吴明隆.问卷统计分析实务[M].重庆：重庆大学出版社，2010：390.

p < 0.001），表明在员工层次上，员工导向授权型领导对促进性建言行为具有显著的解释能力，假设 1a 得到支持。在控制人口统计变量对抑制性建言行为的影响之后，员工导向授权型领导对抑制性建言行为的回归模型 F 值检验达到显著水平（F = 26.765，p < 0.001），模型解释变异量提高 11.6%，授权型领导对抑制性建言行为有显著的正向影响（β = 0.344，p < 0.001），表明员工导向授权型领导对抑制性建言行为具有显著的解释能力，假设 1b 得到支持。在控制人口统计变量对个人创新行为的影响之后，员工导向授权型领导对个人创新行为的回归模型 F 值检验达到显著水平（F = 27.514，p < 0.001），模型解释变异量提高 13.4%，员工导向授权型领导对个人创新行为有显著的正向影响（β = 0.369，p < 0.001），表明员工导向授权型领导对个人创新行为具有显著的解释能力，假设 1c 得到支持。在控制人口统计变量对问题预防行为的影响之后，员工导向授权型领导对问题预防行为的回归模型 F 值检验达到显著水平（F = 28.354，p < 0.001），模型解释变异量提高 14.3%，员工导向授权型领导对问题预防行为有显著的正向影响（β = 0.382，p < 0.001），表明员工导向授权型领导对问题预防行为具有显著的解释能力，假设 1d 得到支持。

表6-1　授权型领导对促进性建言行为影响的回归分析结果

模型变量	模型1			模型2		
	标准回归系数β	容忍度	VIF	标准回归系数β	容忍度	VIF
控制变量						
性别	0.207***	0.893	1.120	0.185***	0.889	1.124
年龄	-0.050	0.513	1.951	-0.021	0.511	1.958
受教育程度	0.036	0.986	1.014	0.040	0.986	1.014
工作年限	0.128**	0.557	1.797	0.156**	0.555	1.803
自变量						
授权型领导				0.350***	0.979	1.021
R^2	0.056			0.176		
R^2值变化				0.120		
F 值	10.093***			29.067***		
F 值变化				99.161***		

注：* 表示 p < 0.05，** 表示 p < 0.01，*** 表示 p < 0.001。

表6-2　授权型领导对抑制性建言行为影响的回归分析结果

模型变量	模型3			模型4		
	标准回归系数β	容忍度	VIF	标准回归系数β	容忍度	VIF
控制变量						
性别	0.151***	0.893	1.120	0.130***	0.889	1.124
年龄	0.079	0.513	1.951	0.108*	0.511	1.958
受教育程度	-0.029	0.986	1.014	-0.026	0.986	1.014
工作年限	0.045	0.557	1.797	0.073	0.555	1.803
自变量						
授权型领导				0.344***	0.979	1.021
R^2	0.048			0.164		
R^2值变化				0.116		
F 值	8.651***			26.765***		
F 值变化				94.485***		

注：* 表示 $p < 0.05$，** 表示 $p < 0.01$，*** 表示 $p < 0.001$。

表6-3　授权型领导对个人创新行为影响的回归分析结果

模型变量	模型5			模型6		
	标准回归系数β	容忍度	VIF	标准回归系数β	容忍度	VIF
控制变量						
性别	0.148***	0.893	1.120	0.125**	0.889	1.124
年龄	0.021	0.513	1.951	0.051	0.511	1.958
受教育程度	0.112**	0.986	1.014	0.115**	0.986	1.014
工作年限	0.008	0.557	1.797	0.038	0.555	1.803
自变量						
授权型领导				0.369***	0.979	1.021
R^2	0.034			0.168		
R^2值变化				0.134		
F 值	6.068***			27.514***		
F 值变化				109.440***		

注：* 表示 $p < 0.05$，** 表示 $p < 0.01$，*** 表示 $p < 0.001$。

表6-4　授权型领导对问题预防行为影响的回归分析结果

模型变量	模型7			模型8		
	标准回归系数β	容忍度	VIF	标准回归系数β	容忍度	VIF
控制变量						
性别	0.059	0.893	1.120	0.036	0.889	1.124
年龄	0.135*	0.513	1.951	0.167**	0.511	1.958
受教育程度	0.122**	0.986	1.014	0.125***	0.986	1.014
工作年限	-0.119*	0.557	1.797	-0.088	0.555	1.803
自变量						
授权型领导				0.382***	0.979	1.021
R^2	0.029			0.172		
R^2值变化				0.143		
F 值	5.113***			28.354***		
F 值变化				117.824***		

注：* 表示 $p < 0.05$，** 表示 $p < 0.01$，*** 表示 $p < 0.001$。

综合上述结果可见，员工导向授权型领导对四种主动工作行为均存在显著的正向直接影响。

第二节　中介效应检验

以第二章提出的研究模型为基础，本节对员工层次上的心理授权和下属对领导信任在员工导向授权型领导与员工四种主动工作行为（促进性建言行为、抑制性建言行为、个人创新行为和问题预防行为）间的中介作用加以验证。鉴于本研究在进行回归分析时，需要对年龄、性别、教育程度和工作年限等人口统计变量的影响作用加以控制，故参考温忠麟等（2004）提出的中介效应检验程序[①]，采用 Baron 和

―――――――――

① 温忠麟，张雷，侯杰泰，等.中介效应检验程序及其应用[J].心理学报，2004(05)：614－620.

Kenny（1986）提出的中介效应检验方法验证模型，并对不满足 Baron 和 Kenny 的中介效应条件的模型进一步进行 Sobel 检验[①]。

具体而言，根据 Baron 和 Kenny（1986）的建议，一个变量 M 要在变量 X 和变量 Y 之间起到中介作用，需要满足三个条件：一是变量 X 作为预测变量，变量 Y 作为效标变量，变量 X 的变化能够显著解释变量 Y 的变化；二是变量 X 作为预测变量，变量 M 作为效标变量，变量 X 的变化能够显著解释变量 M 的变化；三是变量 X 与变量 M 作为预测变量，变量 Y 作为效标变量，变量 M 对变量 Y 的影响应当显著不等于零，同时变量 X 对变量 Y 的影响应当等于零，或者显著降低[②]。在第三个条件中，如果变量 X 对变量 Y 的影响等于零，说明 X 变量对变量 Y 的影响完全来自中介变量 M，称为完全中介作用；如果不等于零但显著降低，说明变量 X 对变量 Y 的影响部分来自中介变量 M，称为部分中介作用。如果模型满足第一个的条件，但后两个条件至少有一个不满足，根据温忠麟等人的建议进一步进行 Sobel 检验，如果 Sobel 检验的 z 值显著，说明存在中介效应，如果 z 值不显著，则说明不存在中介效应。

一、心理授权的中介效应检验

以上述检验标准为依据，在控制人口统计变量的基础上，通过回归分析检验心理授权的中介作用。具体的验证包括三个步骤：首先，分析授权型领导对四种主动工作行为（促进性建言行为、抑制性建言行为、个人创新行为和问题预防行为）的影响作用是否显著；然后，分析授权型领导对心理授权的影响作用是否显著；最后，分析授权型领导与心理授权共同作为预测变量时，对四种主动工作行为的影响是否显著。其中，授权型领导对员工四种主动工作行为的正向影响作用已在上节中得到了验证（模型 2、4、6 和 8），故本节不再重复分析。此外，在进行回归分析的同时，对模型的多

[①] Sobel, M. E.. Asymptotic confidence intervals for indirect effects in structural equation models[J]. *Sociological Methodology*, Vol.13(1982),pp. 290－312.

[②] Baron,R. M., Kenny, D. A.. The Moderator-mediator Variable Distinction in social Psychological Research：Conceptual, Strategic and Statistical Considerations[J]. *Journal of Personality and Social Psychology*, Vol. 51, No. 6(1986), pp. 1173－1182.

重共线性问题也加以检验。

首先，采用回归分析法，验证员工导向授权型领导风格对心理授权的影响作用，分析结果如表6-5所示。在控制了人口统计变量之后，员工导向授权型领导与心理授权显著正相关（模型10，$\beta = 0.528$，$p < 0.001$），回归模型 F 值检验达到显著水平（$F = 55.097$，$p < 0.001$），模型解释变异量提高27.3%，各变量的容忍度和 VIF 值均在允许范围之内（容忍度 > 0.12，VIF 值 < 5），说明不存在严重的共线性问题，假设 H3 得到验证。

表6-5　授权型领导对心理授权的回归分析结果

模型变量	模型9			模型10		
	标准回归系数β	容忍度	VIF	标准回归系数β	容忍度	VIF
控制变量						
性别	0.082*	0.893	1.120	0.049	0.889	1.124
年龄	0.011	0.513	1.951	0.055	0.51	1.958
受教育程度	0.010	0.986	1.014	0.015	0.986	1.014
工作年限	0.065	0.557	1.797	0.107*	0.553	1.803
自变量						
授权型领导				0.528***	0.978	1.021
R^2	0.014			0.288		
R^2值变化				0.273		
F 值	2.472***			55.097***		
F 值变化				261.821***		

注：* 表示 $p < 0.05$，** 表示 $p < 0.01$，*** 表示 $p < 0.001$。

然后，分别以四种主动工作行为作为因变量，授权型领导为自变量，心理授权为中介变量，检验中介效应，回归分析结果见表 6-6。结果显示，中介变量心理授权对促进性建言行为（模型 11）、抑制性建言行为（模型 12）、个人创新行为（模型 13）和问题预防行为（模型 14）四种主动工作行为均在 $p < 0.001$ 的水平上有显著影响，标准化回归系数 β 分别为 0.293、0.163、0.340 和 0.237。在引入中介变量心理授权之后，授权

型领导影响促进性建言行为的标准化回归系数为 0.195（p < 0.001），小于授权型领导对促进性建言行为直接效应的回归系数 0.350（p < 0.001），但依然显著，说明心理授权在授权型领导与促进性建言行为间起到部分中介作用，假设 H4a 得到支持。在引入中介变量心理授权之后，授权型领导影响抑制性建言行为的标准化回归系数为 0.258（p < 0.001），小于授权型领导对抑制性建言行为直接效应的回归系数 0.344（p < 0.001），但依然显著，说明心理授权在授权型领导与抑制性建言行为间起到部分中介作用，假设 H4b 得到支持。在引入中介变量心理授权之后，授权型领导影响个人创新行为的标准化回归系数为 0.190（p < 0.001），小于授权型领导对个人创新行为直接效应的回归系数 0.369（p < 0.001），但依然显著，说明心理授权在授权型领导与个人创新行为间起到部分中介作用，假设 H4c 得到支持。最后，在引入中介变量心理授权之后，授权型领导影响问题预防行为的标准化回归系数为 0.257（p < 0.001），小于授权型领导风格对问题预防行为直接效应的回归系数 0.382（p < 0.001），但依然显著，说明心理授权在授权型领导与问题预防行为间起到部分中介作用，假设 H4d 得到支持。

表6-6　心理授权中介效应检验回归分析结果

模　型 变　量	模型11 促进性建言行为	模型12 抑制性建言行为	模型13 个人创新行为	模型14 问题预防行为
控制变量				
性别	0.171***	0.122**	0.108**	0.024
年龄	-0.037	0.099*	0.033	0.153**
教育程度	0.035	-0.028	0.110**	0.122***
工作年限	0.125**	0.055	0.001	-0.113*
自变量				
授权型领导	0.195***	0.258***	0.190***	0.257***
中介变量				
心理授权	0.293***	0.163***	0.340***	0.237***
R^2	0.237	0.183	0.250	0.212
F 值	35.201***	25.400***	37.854***	30.583***
容忍度	0.510~0.986			
VIF值	1.014~1.962			

注：* 表示 p < 0.05，** 表示 p < 0.01，*** 表示 p < 0.001。

二、下属对领导信任的中介效应检验

采用相同检验方法，在控制人口统计变量的基础上，通过回归分析检验下属对领导信任在授权型领导和四种主动工作行为间是否存在中介作用。具体的验证包括三个步骤：首先分析授权型领导对四种主动工作行为（促进性建言行为、抑制性建言行为、个人创新行为和问题预防行为）的影响作用；然后分析授权型领导对于下属对领导信任的影响作用；最后同时分析授权型领导与下属对领导信任对四种主动工作行为的共同影响。如前文所述，授权型领导对员工四种主动工作行为的影响作用已在上节得到了验证（模型 2、4、6 和 8），故在本节不再重复分析；对模型的多重共线性问题通过计算变量的容忍度和 VIF 值来检验。

首先，采用回归分析法，验证授权型领导的变化是否能够显著解释下属对领导信任的变化，分析结果如表 6-7 所示。在控制了人口统计变量之后，授权型领导与下属对领导信任显著正相关（$\beta = 0.626$，$p < 0.001$），回归模型 F 值检验达到显著水平（$F = 92.844$，$p < 0.001$），模型解释变异量提高 38.3%，各变量的容忍度和 VIF 值均在允许范围之内（容忍度 > 0.12，VIF 值 < 5），说明不存在严重共线性问题，假设 H5 得到验证。

表6-7　授权型领导对下属对领导信任的回归分析结果

模型变量	模型15			模型16		
	标准回归系数β	容忍度	VIF	标准回归系数β	容忍度	VIF
控制变量						
性别	0.030	0.893	1.120	-0.009	0.889	1.124
年龄	-0.103	0.513	1.951	-0.051	0.511	1.958
受教育程度	0.076*	0.986	1.014	0.082**	0.986	1.014
工作年限	-0.030	0.557	1.797	0.020	0.555	1.803
自变量						
授权型领导				0.626***	0.979	1.021
R^2	0.022			0.405		
R^2值变化				0.383		
F 值	3.763***			92.844***		
F 值变化				439.504***		

注：* 表示 $p < 0.05$，** 表示 $p < 0.01$，*** 表示 $p < 0.001$。

然后，分别以四种主动工作行为作为因变量，员工导向授权型领导为自变量，下属对领导信任为中介变量，检验中介效应，回归分析结果见表6-8。在模型中，中介变量下属对领导信任对于抑制性建言行为（模型18）、个人创新行为（模型19）和问题预防行为（模型20）这三种主动工作行为均存在显著促进作用，标准化回归系数 β 分别为 0.099（p < 0.05）、0.147（p < 0.01）和 0.206（p < 0.001）；但是对促进性建言行为（模型17）没有显著影响（p > 0.05）。

因此，按照温忠麟等（2004）的建议，采用 Sobel 检验进一步验证下属对领导信任在员工导向授权型领导与促进性建言行为间的中介作用，检验结果显示 Z 值不显著（Z = -0.083，p > 0.05），故下属对领导信任在员工导向授权型领导与促进性建言行为间的无中介效应，假设 H6a 没有得到支持。

在抑制性建言行为方面，引入中介变量下属对领导信任之后，员工导向授权型领导影响抑制性建言行为的标准化回归系数为 0.282（p < 0.001），小于员工导向授权型领导对抑制性建言行为直接效应的回归系数 0.344（p < 0.001），但依然显著，说明下属对领导信任在员工导向授权型领导与抑制性建言行为间起到部分中介作用，假设 H6b 得到支持。在引入中介变量下属对领导信任之后，员工导向授权型领导影响个人创新行为的标准化回归系数为 0.277（p < 0.001），小于员工导向授权型领导对个人创新行为直接效应的回归系数 0.369（p < 0.001），但依然显著，说明下属对领导信任在员工导向授权型领导风格与个人创新行为间起到部分中介作用，假设 H6c 得到支持。在引入中介变量下属对领导信任之后，员工导向授权型领导影响问题预防行为的标准化回归系数为 0.253（p < 0.001），小于员工导向授权型领导对问题预防行为直接效应的回归系数 0.382（p < 0.001），但依然显著，说明下属对领导信任在员工导向授权型领导与问题预防行为间起到部分中介作用，假设 H6d 得到支持。

表6-8 下属对领导信任中介效应检验回归分析结果

模 型	模型17	模型18	模型19	模型20
变 量	促进性建言行为	抑制性建言行为	个人创新行为	问题预防行为
控制变量				
性别	0.185***	0.131***	0.126**	0.038
年龄	-0.021	0.113*	0.059	0.177***
教育程度	0.040	-0.034	0.103**	0.108**
工作年限	0.156	0.071	0.035	-0.092*
自变量				
授权型领导	0.352***	0.282***	0.277***	0.253***
中介变量				
下属对领导信任	-0.004	0.099*	0.147**	0.206***
R^2	0.176	0.170	0.146	0.197
F 值	24.189***	23.221***	25.043***	27.926***
容忍度	0.510~0.986			
VIF值	1.014~1.962			

注: * 表示 $p < 0.05$, ** 表示 $p < 0.01$, *** 表示 $p < 0.001$。

第三节 特质性调节焦点的影响效应检验

一、特质性调节焦点对主动工作行为的直接效应

鉴于相关分析结果显示,促进型调节焦点与四种主动工作行为均显著正相关,而防御型调节焦点仅与抑制性建言行为和问题预防行为存在相关性,故本研究分别以两种调节焦点为自变量,四种主动工作行为作为因变量,构建回归模型,验证调节焦点对四种主动工作行为的直接效应,并将员工年龄、性别、受教育程度和工作年限作为控制变量,同时检验模型是否存在严重的多重共线性问题。

首先,以促进型调节焦点为自变量,四种主动工作行为分别作为因变量的回归分析结果见表 6-9 至表 6-12。根据回归分析结果,在控制了人口统计变量的影响之后,

员工的促进型调节焦点对促进性建言行为的回归模型 F 值检验达到显著水平（模型 22，F = 62.503，p < 0.001），模型解释变异量提高 25.8%，促进型调节焦点对促进性建言行为有显著的正向影响（β = 0.515，p<0.001），表明促进型调节焦点对促进性建言行为具有显著的解释能力，假设 H7a 得到支持。在控制人口统计变量的影响之后，促进型调节焦点对个人创新行为的回归模型 F 值检验达到显著水平（模型 26，F = 27.514，p < 0.001），模型解释变异量提高 24.1%，促进型调节焦点对个人创新行为有显著的正向影响（β = 0.497，p < 0.001），表明促进型调节焦点对个人创新行为具有显著的解释能力，假设 H7b 得到支持。

此外，本书对促进型调节焦点对抑制性建言行为与问题预防行为的影响作用也进行了检验，发现在控制了人口统计变量的影响之后，促进型调节焦点对抑制性建言行为的回归模型 F 值检验仍然达到显著水平（模型 24，F = 16.259，p < 0.001），模型解释变异量提高 5.8%，促进型调节焦点对抑制性建言行为有显著的正向影响（β = 0.244，p < 0.001），表明促进型调节焦点同样对抑制性建言行为具有显著的解释能力；在控制人口统计变量的影响之后，促进型调节焦点对问题预防行为的回归模型 F 值检验达到显著水平（模型 28，F = 19.851，p < 0.001），模型解释变异量提高 9.8%，促进型调节焦点对问题预防行为有显著的正向影响（β = 0.317，p < 0.001），表明促进型调节焦点对问题预防行为也具有显著的解释能力。

表6-9 促进型调节焦点对促进性建言行为影响的回归分析结果

模型变量	模型21			模型22		
	标准回归系数β	容忍度	VIF	标准回归系数β	容忍度	VIF
控制变量						
性别	0.207***	0.893	1.120	0.138***	0.878	1.139
年龄	-0.050	0.513	1.951	-0.001	0.51	1.960
受教育程度	0.036	0.986	1.014	0.000	0.981	1.019
工作年限	0.128*	0.557	1.797	0.080	0.554	1.806
自变量						
促进型调节焦点				0.515***	0.976	1.025
R^2	0.056			0.314		
R^2值变化				0.258		
F 值	10.093***			62.503***		
F 值变化				257.006***		

注：* 表示 p < 0.05，** 表示 p < 0.01，*** 表示 p < 0.001。

表6-10　促进型调节焦点对抑制性建言行为影响的回归分析结果

模型变量	模型23			模型24		
	标准回归系数β	容忍度	VIF	标准回归系数β	容忍度	VIF
控制变量						
性别	0.151***	0.893	1.120	0.118**	0.878	1.139
年龄	0.079	0.513	1.951	0.102*	0.510	1.960
受教育程度	-0.029	0.986	1.014	-0.047	0.981	1.019
工作年限	0.045	0.557	1.797	0.023	0.554	1.806
自变量						
促进型调节焦点				0.244***	0.976	1.025
R^2	0.048			0.106		
R^2值变化				0.058		
F 值	8.651***			16.253***		
F 值变化				44.460***		

注：* 表示 $p < 0.05$，** 表示 $p < 0.01$，*** 表示 $p < 0.001$。

表6-11　促进型调节焦点对个人创新行为影响的回归分析结果

模型变量	模型25			模型26		
	标准回归系数β	容忍度	VIF	标准回归系数β	容忍度	VIF
控制变量						
性别	0.148***	0.893	1.120	0.081*	0.878	1.139
年龄	0.021	0.513	1.951	0.068	0.510	1.960
受教育程度	0.112**	0.986	1.014	0.076*	0.981	1.019
工作年限	0.008	0.557	1.797	-0.038	0.554	1.806
自变量						
促进型调节焦点				0.497***	0.976	1.025
R^2	0.034			0.276		
R^2值变化				0.241		
F 值	6.068***			51.906***		
F 值变化				227.214***		

注：* 表示 $p < 0.05$，** 表示 $p < 0.01$，*** 表示 $p < 0.001$。

表6-12　促进型调节焦点对问题预防行为影响的回归分析结果

模型变量	模型27			模型28		
	标准回归系数β	容忍度	VIF	标准回归系数β	容忍度	VIF
控制变量						
性别	0.059	0.893	1.120	0.017	0.878	1.139
年龄	0.135*	0.513	1.951	0.165**	0.510	1.960
受教育程度	0.122**	0.986	1.014	0.099**	0.981	1.019
工作年限	-0.119*	0.557	1.797	-0.148**	0.554	1.806
自变量						
促进型调节焦点				0.317***	0.976	1.025
R^2	0.029			0.127		
R^2值变化				0.098		
F 值	5.113***			19.851***		
F 值变化				76.544***		

注：* 表示 $p < 0.05$，** 表示 $p < 0.01$，*** 表示 $p < 0.001$。

其次，以防御型调节焦点为自变量，四种主动工作行为分别作为因变量的回归分析结果见表 6-13 至表 6-16。对人口统计变量的影响加以控制之后，防御型调节焦点对抑制性建言行为的回归模型 F 值检验仍然达到显著水平（模型 32，F = 24.701，$p < 0.001$），模型解释变异量提高 10.5%，防御型调节焦点对抑制性建言行为有显著的正向影响（β = 0.328，$p < 0.001$），表明防御型调节焦点对抑制性建言行为具有显著的解释能力，假设 H8a 得到支持。在控制人口统计变量的影响之后，防御型调节焦点对问题预防行为的回归模型 F 值检验达到显著水平（F = 21.091，$p < 0.001$），模型解释变异量提高 10.5%，防御型调节焦点对问题预防行为有显著的正向影响（β = 0.327，$p < 0.001$），表明防御型调节焦点对问题预防行为具有显著的解释能力，假设 H8b 得到支持。

此外，本书同样对防御型调节焦点与促进性建言行为、个人创新行为的关系进行了分析，回归结果显示，防御型调节焦点对促进性建言行为的影响不显著（模型 30，β = 0.022，$p > 0.05$），对个人创新行为的影响也不显著（模型 34，β = 0.021，$p > 0.05$），这表明防御型调节焦点对促进性建言行为和个人创新行为都不具有显著的解释能力。

表6-13　防御型调节焦点对促进性建言行为影响的回归分析结果

模型变量	模型29			模型30		
	标准回归系数β	容忍度	VIF	标准回归系数β	容忍度	VIF
控制变量						
性别	0.207***	0.893	1.120	0.206***	0.892	1.121
年龄	-0.050	0.513	1.951	-0.051	0.512	1.952
受教育程度	0.036	0.986	1.014	0.036	0.986	1.014
工作年限	0.128*	0.557	1.797	0.125*	0.552	1.810
自变量						
防御型调节焦点				0.022	0.979	1.022
R^2	0.056			0.056		
R^2值变化				0.00		
F 值	10.093***			8.139***		
F 值变化				0.357		

注：* 表示 $p < 0.05$，** 表示 $p < 0.01$，*** 表示 $p < 0.001$。

表6-14　防御型调节焦点对抑制性建言行为影响的回归分析结果

模型变量	模型31			模型32		
	标准回归系数β	容忍度	VIF	标准回归系数β	容忍度	VIF
控制变量						
性别	0.151***	0.893	1.120	0.148***	0.892	1.121
年龄	0.079	0.513	1.951	0.067	0.512	1.952
受教育程度	-0.029	0.986	1.014	-0.028	0.986	1.014
工作年限	0.045	0.557	1.797	0.008	0.552	1.810
自变量						
防御型调节焦点				0.328***	0.979	1.022
R^2	0.048			0.153		
R^2值变化				0.105		
F 值	8.651***			24.701***		
F 值变化				84.661***		

注：* 表示 $p < 0.05$，** 表示 $p < 0.01$，*** 表示 $p < 0.001$。

表6-15　防御型调节焦点对个人创新行为影响的回归分析结果

模型变量	模型33			模型34		
	标准回归系数β	容忍度	VIF	标准回归系数β	容忍度	VIF
控制变量						
性别	0.148***	0.893	1.120	0.148***	0.892	1.121
年龄	0.021	0.513	1.951	0.020	0.512	1.952
受教育程度	0.112**	0.986	1.014	0.112**	0.986	1.014
工作年限	0.008	0.557	1.797	0.006	0.552	1.810
自变量						
防御型调节焦点				0.021	0.979	1.022
R^2	0.034			0.035		
R^2值变化				0.000		
F值	6.068***			4.910***		
F值变化				0.302		

注：* 表示 $p < 0.05$，** 表示 $p < 0.01$，*** 表示 $p < 0.001$。

表6-16　防御型调节焦点对问题预防行为的回归分析结果

模型变量	模型35			模型36		
	标准回归系数β	容忍度	VIF	标准回归系数β	容忍度	VIF
控制变量						
性别	0.059	0.893	1.120	0.056	0.892	1.121
年龄	0.135*	0.513	1.951	0.123*	0.512	1.952
受教育程度	0.122**	0.986	1.014	0.123**	0.986	1.014
工作年限	-0.119*	0.557	1.797	-0.156**	0.552	1.810
自变量						
防御型调节焦点				0.327***	0.979	1.022
R^2	0.029			0.134		
R^2值变化				0.105		
F值	5.113***			21.091***		
F值变化				82.561***		

注：* 表示 $p < 0.05$，** 表示 $p < 0.01$，*** 表示 $p < 0.001$。

二、特质性调节焦点的调节效应

本书构建的研究模型既包含中介过程也包含调节过程，因此有必要在检验调节效应时，将中介变量对模型的影响也纳入考虑。以往研究在检验中介效应和调节效应时，经常分开进行，这样的做法缺少对中介效应和调节效应的系统考虑，存在一定弊端，所以本书参考 Muller、Judd 和 Yzerbyt（2005）[1] 的建议，通过构建有调节的中介模型来检验调节焦点的调节作用，以期更好地揭示变量间的相互关系。

Muller、Judd 和 Yzerbyt（2005）对有中介的调节效应和有调节的中介效应检验程序进行了深入讨论，在后续研究中应用广泛，我国学者温忠麟及其同事在其系列研究[2][3][4] 中也提出了两种效应的分析建议，受到国内学者的普遍认可。以 Muller 等（2005）和温忠麟等（2006）提出的检验方法为依据，本书对促进型调节焦点与防御型调节焦点的调节效应进行验证。在进行回归分析之前，为了降低自变量、调节变量和自变量与调节变量乘积项相关性而导致的共线性问题，对自变量和调节变量进行标准化处理，并使用标准化处理后的自变量与调节变量计算两者乘积项，构建回归模型[5]。

（一）以促进性建言行为作为因变量，促进型调节焦点的调节效应检验

首先，做促进性建言行为对员工导向授权型领导、促进型调节焦点、员工导向授权型领导与促进型调节焦点交互项的回归，以分析促进型调节焦点在员工导向授权型领导与促进性建言行为的关系中是否起到了调节作用，并对模型的共线性问题加以检

---

[1] Muller, D., Judd, C. M., Yzerbyt, V. Y.. When moderation is mediated and mediation is moderated[J]. *Journal of Personality and Social Psychology*, Vol. 89(2005), pp. 852－863.

[2] 温忠麟，张雷，侯杰泰.有中介的调节变量和有调节的中介变量[J].心理学报，2006(03)：448－452.

[3] 叶宝娟，温忠麟.有中介的调节模型检验方法：甄别和整合[J].心理学报，2013，45(09)：1050－1060.

[4] 温忠麟，叶宝娟.有调节的中介模型检验方法：竞争还是替补？[J].心理学报，2014，46(05)：714－726.

[5] 陈晓萍，徐淑英，樊景立.组织与管理研究的实证方法[M].北京：北京大学出版社，2008：215.

验。分析结果如表6-17所示，模型的容忍度和VIF值均在可接受的范围内（容忍度 > 0.12，VIF 值 < 5），表明不存在严重的共线性问题。在模型39中，员工导向授权型领导对促进性建言行为存在显著的正向影响（β = 0.166，p < 0.001），但授权型领导与促进型调节焦点交互项对促进性建言行为无显著影响（β = -0.021，p > 0.05），说明促进型调节焦点在授权型领导对促进性建言行为的直接效应中没有显著的调节作用。根据Muller等人（2005）及温忠麟、叶宝娟（2014）的论述，这种情况应考虑构建有调节的中介模型。具体而言，如果有调节的中介效应显著，则应当满足四个条件：一是做因变量 Y 对自变量 X、调节变量 MO 的回归，自变量 X 对因变量 Y 的影响系数显著；二是做中介变量 Me 对自变量 X、调节变量 MO 的回归，自变量 X 对中介变量 Me 的影响系数显著；三是做因变量 Y 对自变量 X、调节变量 MO、中介变量 Me 的回归，中介变量 Me 对因变量 Y 的影响系数显著；四是做因变量 Y 对自变量 X、调节变量 MO、中介变量 Me 和中介变量 Me 与调节变量 MO 交互项的回归，中介变量 Me 与调节变量 MO 交互项对因变量 Y 的影响系数显著。

表6-17　授权型领导与促进型调节焦点调节对促进性建言行为的调节效应

模　型	模型37	模型38	模型39
变量			
控制变量			
性别	0.207***	0.136***	0.136***
年龄	-0.050	0.006	0.007
受教育程度	0.036	0.006	0.006
工作年限	0.128*	0.100*	0.101*
自变量			
授权型领导		0.169***	0.166***
调节变量			
促进型调节焦点		0.446***	0.445***
交互项			

续　表

模　型	模型37	模型38	模型39
授权型领导✕促进型调节焦点			-0.021
R^2	0.056	0.337	0.338
R^2值变化		0.282	0.000
F值	10.093***	57.819***	49.578***
F值变化		144.711***	0.427
容忍度	0.513~0.986	0.510~0.979	0.509~0.979
VIF值	1.014~1.951	1.021~1.962	1.021~1.963

注：* 表示 $p < 0.05$，** 表示 $p < 0.01$，*** 表示 $p < 0.001$。

在本研究中，员工层面的中介变量有两个——心理授权和下属对领导信任，因此接下来分别以心理授权和下属对领导信任作为中介变量、促进型建言行为作为因变量、员工导向授权型领导作为自变量、促进型调节焦点作为调节变量构建回归模型，检验本书的研究假设。表 6-17 中的模型 38 显示，员工导向授权型领导对促进型建言行为的影响显著（$\beta = 0.169$，$p < 0.001$），满足第一个条件，故接下来需要验证后三个条件。

首先，以心理授权作为中介变量，做心理授权对员工导向授权型领导和促进型调节焦点为自变量的回归（模型 41）；促进型建言行为对员工导向授权型领导、促进型调节焦点和心理授权的回归（模型 43）；以及促进型建言行为对员工导向授权型领导、促进型调节焦点、心理授权和心理授权与促进型调节焦点交互项的回归（模型 44），具体分析结果见表 6-18。由表中可以看到，在模型 41 中，员工导向授权型领导对心理授权存在显著的正向影响（$\beta = 0.370$，$p < 0.001$），模型的容忍度和 VIF 值均在可接受的范围内（容忍度 > 0.12，VIF 值 < 5），模型不存在严重的共线性问题。在模型 43 中，心理授权对促进性建言行为有显著正向作用（$\beta = 0.114$，$p < 0.01$）；在模型 44 中，心理授权与促进型调节焦点交互项对促进性建言行为有显著正向作用（$\beta = 0.091$，$p < 0.01$）。综合上述分析结果，促进型调节焦点在心理授权与促进性建言行为间起到了显著的正向调节作用，假设 H9a 得到支持。

表6-18　促进性建言行为有调节的中介效应分析（以心理授权为中介变量）

模型	模型40	模型41	模型42	模型43	模型44
控制变量					
性别	0.082*	0.006	0.207***	0.136***	0.141***
年龄	0.011	0.079	-0.050	-0.003	-0.011
教育程度	0.010	-0.015	0.036	0.008	0.011
工作年限	0.065	0.058	0.128*	0.093*	0.092*
自变量					
授权型领导		0.370***		0.127**	0.116**
调节变量					
促进型调节焦点		0.390***		0.401***	0.414***
中介变量					
心理授权				0.114**	0.139**
交互项					
心理授权×促进型调节焦点					0.091**
R^2	0.014	0.411	0.056	0.345	0.353
R^2值变化		0.397		0.289	0.007
F值	2.472***	79.334***	10.093***	51.197***	46.214***
F值变化		229.744***		100.141***	7.769**
容忍度	0.513~0.986	0.510~0.979	0.513~0.986	0.507~0.979	0.505~0.977
VIF值	1.014~1.951	1.021~1.962	1.014~1.951	1.021~1.973	1.023~1.982

注：* 表示 $p < 0.05$，** 表示 $p < 0.01$，*** 表示 $p < 0.001$。

为了进一步检验该调节作用的模式，按照 Aiken 和 West（1991）[①] 的建议，绘制在高于均值一个标准差和低于均值一个标准差的促进型调节焦点水平下，心理授权与促进性建言行为的关系图（图 6-1）。从图上可以看出，无论是在低水平还是高水平的促进型调节焦点下，员工的促进性建言行为都会随着心理授权水平的提高而增加，也就是说，促进型调节焦点不会改变心理授权对员工促进性建言行为的作用方向；但是，促进型调节焦点水平的高低会影响心理授权作用的幅度：具有较高促进型调节焦点的员工，心理授权对其促进性建言行为的正向影响要强于促进型调节焦点较低的员工，换句话说，在相同的心理授权水平下，具有较高促进型调节焦点的员工会比具有较低促进型调节焦点的员工表现出更多的促进性建言行为。

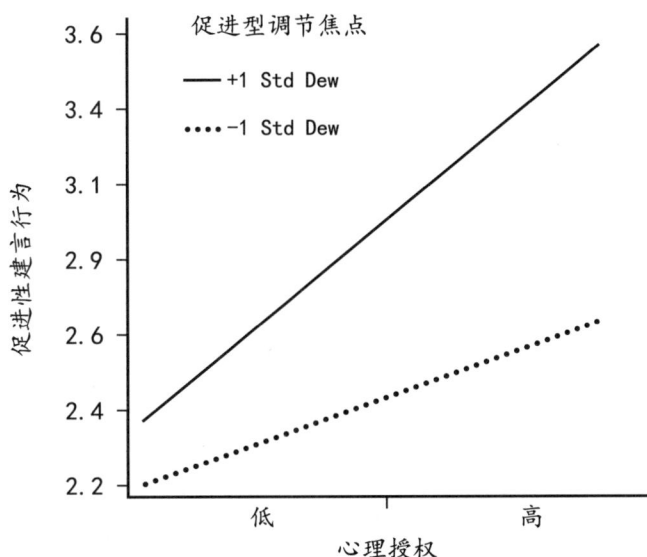

图6-1　促进型调节焦点对心理授权与促进性建言行为关系的调节效应趋势图

在下属对领导信任方面，由于假设检验结果显示，下属对领导信任在授权型领导与员工促进性建言行为间没有显著的中介效应，故模型不满足有调节的中介效应检验标准第三个条件，因此，假设 H9b 不成立。

---

① Aiken, L. S., West, S. G.. *Multiple regression : testing and interpreting interactions*[M]. CA: Sage Publications,1991.

（二）以个人创新行为作为因变量，促进型调节焦点的调节效应检验

采用相同检验步骤，首先做个人创新行为对员工导向授权型领导、促进型调节焦点以及员工导向授权型领导与促进型调节焦点交互项的回归，检验促进型调节焦点对员工导向授权型领导与个人创新行为的关系是否起到了调节作用。分析结果如表 6-19 所示，容忍度和 VIF 值均在可接受的范围内，模型不存在严重的共线性问题。在模型 47 中，员工导向授权型领导对个人创新行为存在显著的正向影响（$\beta = 0.206$，$p < 0.001$），但员工导向授权型领导与促进型调节焦点交互项对个人创新行为无显著影响（$\beta = 0.038$，$p > 0.05$），由此可见，促进型调节焦点在员工导向授权型领导与个人创新行为的关系中无显著调节作用，故同样应考虑构建有调节的中介模型，进一步加以验证。

首先，将心理授权作为中介变量进行模型检验，做心理授权对员工导向授权型领导和促进型调节焦点为自变量的回归（模型 49）；个人创新行为对员工导向授权型领导、促进型调节焦点和心理授权的回归（模型 51）；以及个人创新行为对员工导向授权型领导、促进型调节焦点、心理授权和心理授权与促进型调节焦点交互项的回归（模型 52），如表 6-20 所示。从表中可以看到，在模型 49 中，员工导向授权型领导对心理授权存在显著的正向影响（$\beta = 0.370$，$p < 0.001$）；在模型 51 中，心理授权对个人创新行为有显著正向作用（$\beta = 0.187$，$p < 0.001$）；在模型 52 中，心理授权与促进型调节焦点交互项对个人创新行为有显著正向作用（$\beta = 0.084$，$p < 0.05$）。上述结果表明，促进型调节焦点在心理授权与个人创新行为间起到了显著的正向调节作用，假设 H9c 得到支持。

同样绘制在促进型调节焦点高于均值一个标准差和低于均值一个标准差的水平下，心理授权与个人创新行为的关系图（见图 6-2）。从图上可以看出，在低水平和高水平的促进型调节焦点下，员工的个人创新行为都会随着心理授权水平的提高而增加，也就是说，促进型调节焦点不会改变心理授权对员工个人创新行为的作用方向，但是促进型调节焦点水平的高低会影响心理授权作用的幅度：具有较高促进型调节焦点的员工，心理授权对其个人创新行为的正向影响要强于促进型调节焦点较低的员工，换句话说，在相同的心理授权水平下，具有较高促进型调节焦点的员工比具有较低促进型调节焦点的员工表现出更多的个人创新行为。

表6-19 授权型领导与促进型调节焦点调节对个人创新行为的调节效应

模型变量	模型45	模型46	模型47
控制变量			
性别	0.148***	0.080*	0.080*
年龄	0.021	0.077	0.076
受教育程度	0.112**	0.084**	0.085**
工作年限	0.008	-0.014	-0.016
自变量			
授权型领导		0.200***	0.206***
调节变量			
促进型调节焦点		0.416***	0.417***
交互项			
授权型领导×促进型调节焦点			0.038
R^2	0.034	0.308	0.310
R^2值变化		0.274	0.001
F 值	6.068***	50.628***	43.615***
F 值变化		134.985***	1.371
容忍度	0.513~0.986	0.510~0.979	0.509~0.979
VIF值	1.014~1.951	1.021~1.962	1.021~1.963

注：* 表示 $p < 0.05$，** 表示 $p < 0.01$，*** 表示 $p < 0.001$。

表6-20 个人创新行为有调节的中介效应分析（以心理授权为中介变量）

模 型	模型48	模型49	模型50	模型51	模型52
控制变量					
性别	0.082*	0.006	0.148***	0.078*	0.083*
年龄	0.011	0.079	0.021	0.062	0.055
受教育程度	0.010	-0.015	0.112**	0.087**	0.090**
工作年限	0.065	0.058	0.008	-0.025	-0.026
自变量					
授权型领导		0.370***		0.131**	0.122**

续　表

模　型	模型48	模型49	模型50	模型51	模型52
调节变量					
促进型调节焦点		0.390***		0.343***	0.354***
中介变量					
心理授权				0.187***	0.210***
交互项					
心理授权×促进型调节焦点					0.084*
R^2	0.014	0.411	0.034	0.345	0.256
R^2值变化		0.397		0.289	0.011
F值	2.472***	79.334***	6.068***	51.197***	41.721***
F值变化		229.744***		100.141***	5.948**
容忍度	0.513~0.986	0.510~0.979	0.513~0.986	0.507~0.979	0.505~0.977
VIF值	1.014~1.951	1.021~1.962	1.014~1.951	1.021~1.973	1.023~1.982

注：* 表示 $p < 0.05$，** 表示 $p < 0.01$，*** 表示 $p < 0.001$。

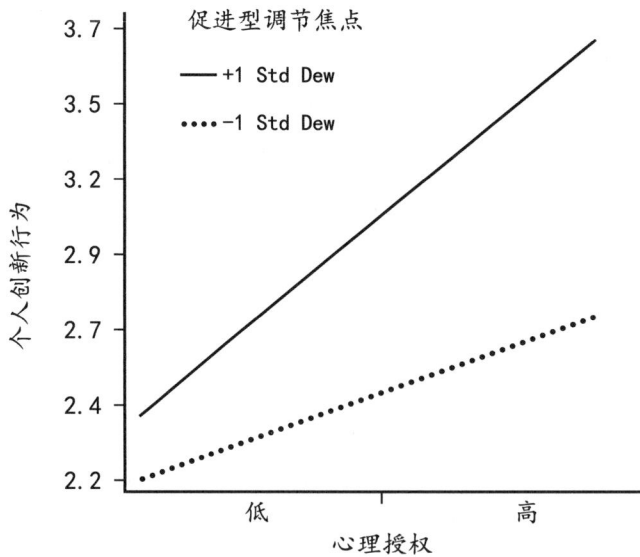

图6-2　促进型调节焦点对心理授权与个人创新行为关系的调节效应趋势图

　　然后，以下属对领导信任作为中介变量，做下属对领导信任对授权型领导和促进型调节焦点为自变量的回归（模型54）；个人创新行为对员工导向授权型领导、促进型调节焦点和下属对领导信任的回归（模型56）；以及个人创新行为对员工导向授权型领导、促进型调节焦点、下属对领导信任和下属对领导信任与促进型调节焦点交互项的回归（模型57），如表6-21所示。从表中可以看到，在模型54中，员工导向授权型领导对下属对领导信任存在显著的正向影响（$\beta = 0.591$，$p < 0.001$）；在模型56中，下属对领导信任对个人创新行为有显著正向作用（$\beta = 0.100$，$p < 0.05$）；在模型57中，下属对领导信任与促进型调节焦点交互项对个人创新行为的影响不显著（$\beta = 0.043$，$p > 0.05$）。上述分析结果表明，促进型调节焦点在下属对领导信任与个人创新行为间的调节作用不显著，假设H9d没有得到支持。

表6-21　个人创新行为有调节的中介效应分析（以下属对领导信任为中介变量）

模　型	模型53	模型54	模型55	模型56	模型57
控制变量					
性别	0.030	-0.018	0.148***	0.081*	0.081*
年龄	-0.103	-0.045	0.021	0.081	0.078
教育程度	0.076*	0.076*	0.112**	0.077*	0.077*
工作年限	-0.030	0.009	0.008	-0.015	-0.014
自变量					
授权型领导		0.591***		0.141**	0.135**
调节变量					
促进型调节焦点		0.085*		0.407***	0.409***
中介变量					
领导信任				0.100*	0.116**
交互项					
领导信任×促进型调节焦点					0.043
R^2	0.022	0.411	0.034	0.314	0.316

续 表

模 型	模型53	模型54	模型55	模型56	模型57
R^2值变化		0.389		0.280	0.002
F 值	3.763***	79.143***	6.068***	44.542***	39.213***
F 值变化		224.966***		92.586***	1.624
容忍度	0.513~0.893	0.510~0.979	0.513~0.986	0.509~0.970	0.507~0.970
VIF值	1.014~1.951	1.021~1.962	1.014~1.951	1.031~1.966	1.031~1.972

注：* 表示 $p < 0.05$，** 表示 $p < 0.01$，*** 表示 $p < 0.001$。

（三）以抑制性建言行为作为因变量，防御型调节焦点的调节效应检验

采用相同的检验步骤，首先作抑制性建言行为对员工导向授权型领导、防御型调节焦点以及员工导向授权型领导与防御型调节焦点交互项的回归，验证促进型调节焦点在员工导向授权型领导与抑制性建言行为的关系中是否起到了调节作用，并对模型的共线性问题加以检验。分析结果如表 6-22 所示，模型的容忍度和 VIF 值均在可接受的范围内（容忍度 > 0.12，VIF 值 < 5），表明不存在严重的共线性问题。在模型 60 中，员工导向授权型领导对抑制性建言行为存在显著的正向影响（$\beta = 0.282$，$p < 0.001$），但员工导向授权型领导与防御型调节焦点交互项对抑制性建言行为的影响不显著（$\beta = -0.054$，$p > 0.05$），说明员工导向授权型领导对抑制性建言行为的直接效应显著，但防御型调节焦点在员工导向授权型领导与抑制性建言行为的关系中没有显著的调节作用，故根据 Muller 等人（2005）及温忠麟、叶宝娟（2014）的建议，考虑构建有调节的中介模型。

分别将心理授权和下属对领导信任作为中介变量进行进一步的检验。当中介变量是心理授权时，按照有调节的中介效应检验方法，做心理授权对员工导向授权型领导和防御型调节焦点的回归（模型 62），做抑制性建言行为对员工导向授权型领导、防御型调节焦点和员工心理授权的回归（模型 64），做抑制性建言行为对员工导向授权型领导、防御型调节焦点、员工心理授权以及心理授权与防御型调节焦点交互项的回

归（模型 65），结果如表 6-23 所示。由表中可以看到，在模型 62 中，授权型领导对心理授权存在显著的正向影响（β = 0.489，p < 0.001）；在模型 64 中，心理授权对抑制性建言行为存在显著的正向影响（β = 0.096，p < 0.05）；在模型 65 中，心理授权与防御型调节焦点交互项对抑制性建言行为没有显著影响（β = -0.004，p > 0.05），可见防御型调节焦点在心理授权与抑制性建言行为间没有显著调节作用，假设 H10a 没有得到支持。

表6-22　授权型领导与防御型调节焦点调节对抑制性建言行为的调节效应

模型变量	模型58	模型59	模型60
控制变量			
性别	0.151***	0.130***	0.131***
年龄	0.079	0.093*	0.091
受教育程度	-0.029	-0.025	-0.025
工作年限	0.045	0.037	0.040
自变量			
授权型领导		0.291***	0.282***
调节变量			
防御型调节焦点		0.271***	0.270***
交互项			
授权型领导×防御型调节焦点			-0.054
R^2	0.048	0.233	0.236
R^2值变化		0.185	0.003
F 值	8.651***	34.462***	29.968***
F 值变化		81.981***	2.532
容忍度	0.513~0.986	0.510~0.986	0.510~0.986
VIF值	1.014~1.951	1.014~1.961	1.014~1.962

注：* 表示 p < 0.05，** 表示 p < 0.01，*** 表示 p < 0.001。

表6-23　抑制性建言行为有调节的中介效应分析（以心理授权为中介）

模　型	模型61	模型62	模型63	模型64	模型65
控制变量					
性别	0.082*	0.049	0.151***	0.126***	0.126***
年龄	0.011	0.044	0.079	0.089	0.089
受教育程度	0.010	0.015	-0.029	-0.027	-0.027
工作年限	0.065	0.081	0.045	0.030	0.030
自变量					
授权型领导		0.489***		0.244***	0.244***
调节变量					
防御型调节焦点		0.200***		0.251***	0.251***
中介变量					
心理授权				0.096*	0.096*
交互项					
心理授权×防御型调节焦点					-0.004
R^2	0.014	0.325	0.048	0.239	0.139
R^2值变化		0.311		0.191	0.000
F值	2.472***	54.735***	8.651***	30.535***	26.681***
F值变化		157.001***		56.882***	0.016
容忍度	0.513~0.986	0.510~0.986	0.513~0.986	0.509~0.986	0.509~0.992
VIF值	1.014~1.951	1.014~1.961	1.014~1.951	1.014~1.964	1.008~1.965

注：* 表示 $p < 0.05$，** 表示 $p < 0.01$，*** 表示 $p < 0.001$。

当中介变量是下属对领导信任时，按照有调节的中介效应检验方法，做下属对领导信任对员工导向授权型领导和防御型调节焦点的回归（模型67），做抑制性建言行为对员工导向授权型领导、防御型调节焦点和下属对领导信任的回归（模型69），做抑制性建言行为对员工导向授权型领导、防御型调节焦点、下属对领导信任以及下属对领导信任与防御型调节焦点交互项的回归（模型70），结果如表6-24所示。由表中可以看到，在模型67中，员工导向授权型领导对下属对领导信任存在显著的正向影响（β = 0.603，p < 0.001）；在模型69中，控制了人口统计变量、授权型领导和防御型调节焦点之后，下属对领导信任对抑制性建言行为的影响系数不显著（β = 0.050，p > 0.05）；在模型70中，下属对领导信任与防御型调节焦点交互项对抑制性建言行为没有显著影响（β = -0.052，p > 0.05），因此防御型调节焦点在下属对领导信任与抑制性建言行为间没有显著调节作用，假设 H10b 没有得到支持。

表6-24　抑制性建言行为有调节的中介效应分析（以下属对领导信任为中介）

模　型	模型66	模型67	模型68	模型69	模型70
控制变量					
性别	0.030	-0.008	0.151***	0.131***	0.130***
年龄	-0.103	-0.057	0.079	0.096*	0.098
受教育程度	0.076*	0.082**	-0.029	-0.029	-0.030
工作年限	-0.030	0.004	0.045	0.037	0.040
自变量					
授权型领导		0.603***		0.261***	0.259***
调节变量					
防御型调节焦点		0.117***		0.265***	0.264***
中介变量					
领导信任				0.050	0.043
交互项					
领导信任×防御型调节焦点					-0.052
R^2	0.022	0.418	0.048	0.234	0.237
R^2值变化		0.396		0.186	0.003
F 值	3.763***	81.453***	8.651***	29.736***	26.358***
F 值变化		231.747***		55.108***	2.308
容忍度	0.513~0.893	0.510~0.986	0.513~0.986	0.509~0.986	0.509~0.992
VIF值	1.014~1.951	1.014~1.961	1.014~1.951	1.014~1.964	1.008~1.965

注：* 表示 p < 0.05，** 表示 p < 0.01，*** 表示 p < 0.001。

（四）以问题预防行为作为因变量，防御型调节焦点的调节效应检验

首先做问题预防行为对员工导向授权型领导、防御型调节焦点以及员工导向授权型领导与防御型调节焦点交互项的回归，检验防御型调节焦点对员工导向授权型领导与问题预防行为的关系是否起到了调节作用。分析结果如表 6-25 所示，容忍度和 VIF 值均在可接受的范围内，模型不存在严重的共线性问题。在模型 73 中，员工导向授权型领导对问题预防行为存在显著的正向影响（$\beta = 0.206$，$p < 0.001$），但员工导向授权型领导与促进型调节焦点交互项对问题预防行为无显著影响（$\beta = 0.038$，$p > 0.05$），说明促进型调节焦点在员工导向授权型领导与问题预防行为的关系中无显著调节作用，故同样应考虑构建有调节的中介模型，进一步加以验证。

当中介变量是心理授权时，按照有调节的中介效应检验方法，做心理授权对员工导向授权型领导和防御型调节焦点的回归（模型 75），做问题预防行为对员工导向授权型领导、防御型调节焦点和员工心理授权的回归（模型 77），做问题预防行为对员工导向授权型领导、防御型调节焦点、员工心理授权以及心理授权与防御型调节焦点交互项的回归（模型 88），结果如表 6-26 所示。由表中可以看到，在模型 75 中，员工导向授权型领导对心理授权存在显著的正向影响（$\beta = 0.489$，$p < 0.001$）；在模型 77 中，心理授权对问题预防行为存在显著的正向影响（$\beta = 0.178$，$p < 0.001$）；但在模型 78 中，心理授权与防御型调节焦点交互项对抑制性建言行为没有显著影响（$\beta = -0.021$，$p > 0.05$），由此可见，防御型调节焦点在心理授权与问题预防行为间没有显著调节作用，假设 H10c 没有得到支持。

当中介变量是下属对领导信任时，按照有调节的中介效应检验方法，做下属对领导信任对员工导向授权型领导和防御型调节焦点的回归（模型 80），做问题预防行为对员工导向授权型领导、防御型调节焦点和下属对领导信任的回归（模型 82），做问题预防行为对员工导向授权型领导、防御型调节焦点、下属对领导信任以及下属对领导信任与防御型调节焦点交互项的回归（模型 83），结果如表 6-27 所示。由表中可以看到，在模型 80 中，员工导向授权型领导对下属对领导信任存在显著的正向影响（$\beta = 0.603$，$p < 0.001$）；在模型 82 中，下属对领导信任对问题预防行为的影响系数显著（$\beta = 0.162$，$p < 0.001$）；但在模型 83 中，下属对领导信任与防御型调节焦点交互项对问题预防行为没有显著影响（$\beta = -0.011$，$p > 0.05$），因此，防御型调节焦点在下属对领导信任与

问题预防行为间没有显著调节作用，假设 H10d 没有得到支持。

表6-25　授权型领导与防御型调节焦点调节对问题预防行为的调节效应

模型变量	模型71	模型72	模型73
控制变量			
性别	0.148***	0.080*	0.080*
年龄	0.021	0.077	0.076
受教育程度	0.112**	0.084**	0.085**
工作年限	0.008	-0.014	-0.016
自变量			
授权型领导		0.200***	0.206***
调节变量			
防御型调节焦点		0.416***	0.417***
交互项			
授权型领导✕防御型调节焦点			0.038
R^2	0.034	0.308	0.310
R^2值变化		0.274	0.001
F 值	6.068***	50.628***	43.615***
F 值变化		134.985***	1.371
容忍度	0.513~0.986	0.510~0.979	0.509~0.979
VIF值	1.014~1.951	1.021~1.962	1.021~1.963

注：* 表示 $p < 0.05$，** 表示 $p < 0.01$，*** 表示 $p < 0.001$。

表6-26 问题预防行为有调节的中介效应分析（以心理授权为中介变量）

模 型	模型74	模型75	模型76	模型77	模型78
控制变量					
性别	0.082*	0.049	0.059	0.028	0.027
年龄	0.011	0.044	0.135*	0.145**	0.145**
受教育程度	0.010	0.015	0.122**	0.123***	0.123***
工作年限	0.065	0.081	-0.119*	-0.137**	-0.136**
自变量					
授权型领导		0.489***		0.244***	0.244***
调节变量					
防御型调节焦点		0.200***		0.227***	0.226***
中介变量					
心理授权				0.178***	0.177***
交互项					
心理授权×防御型调节焦点					-0.021
R^2	0.014	0.325	0.029	0.258	0.259
R^2值变化		0.311		0.229	0.000
F 值	2.472***	54.735***	5.113***	33.796***	29.594***
F 值变化		157.001***		69.975***	0.392
容忍度	0.513~0.986	0.510~0.986	0.513~0.986	0.509~0.986	0.509~0.992
VIF值	1.014~1.951	1.014~1.961	1.014~1.951	1.014~1.964	1.008~1.965

注：* 表示 $p < 0.05$，** 表示 $p < 0.01$，*** 表示 $p < 0.001$。

表6-27　问题预防行为有调节的中介效应分析（以下属对领导信任为中介）

模　型	模型79	模型80	模型81	模型82	模型83
控制变量					
性别	0.030	-0.008	0.059	0.038	0.038
年龄	-0.103	-0.057	0.135*	0.162**	0.162**
受教育程度	0.076*	0.082**	0.122**	0.113**	0,113**
工作年限	-0.030	0.004	-0.119*	-0.123**	-0.123**
自变量					
授权型领导		0.603***		0.233***	0.233***
调节变量					
防御型调节焦点		0.117***		0.243***	0.243***
中介变量					
领导信任				0.162***	0.160***
交互项					
领导信任×防御型调节焦点					-0.011
R^2	0.022	0.418	0.029	0.252	0.252
R^2值变化		0.396		0.223	0.000
F值	3.763***	81.453***	5.113***	32.733***	28.617***
F值变化		231.747***		67.567***	0.106
容忍度	0.513~0.893	0.510~0.986	0.513~0.986	0.509~0.975	0.508~0.975
VIF值	1.014~1.951	1.014~1.961	1.014~1.951	1.026~1.966	1.026~1.967

注：* 表示 $p < 0.05$，** 表示 $p < 0.01$，*** 表示 $p < 0.001$。

第四节　员工层次研究假设结果汇总

本章就员工层次上的授权型领导、心理授权、下属对领导信任、调节焦点与促进性建言行为、抑制性建言行为、个人创新行为和问题预防行为四种员工主动工作行为的关系进行了分析与验证，实证研究支持本书提出的大部分假设，但也有一部分假设未得到支持。下面就员工层面上的实证分析结果加以总结，更加深入的综合性讨论与结论分析将在第八章中进行。

表6-28　员工层次研究假设结果汇总

编　号	假设内容	假设检验结果
H1a	员工导向授权型领导对员工促进性建言行为有显著正向影响	支持
H1b	员工导向授权型领导对员工抑制性建言行为有显著正向影响	支持
H1c	员工导向授权型领导对员工个人创新行为有显著正向影响	支持
H1d	员工导向授权型领导对员工问题预防行为有显著正向影响	支持
H3	员工导向授权型领导对员工的心理授权有显著正向影响	支持
H4a	心理授权在员工导向授权型领导与员工促进性建言行为的关系中起中介作用	支持
H4b	心理授权在员工导向授权型领导与员工抑制性建言行为的关系中起中介作用	支持
H4c	心理授权在员工导向授权型领导与员工个人创新行为的关系中起中介作用	支持
H4d	心理授权在员工导向授权型领导与员工问题预防行为的关系中起中介作用	支持
H5	员工导向授权型领导对于下属对领导信任有显著正向影响	支持
H6a	下属对领导信任在员工导向授权型领导与员工促进性建言行为的关系中起中介作用	不支持
H6b	下属对领导信任在员工导向授权型领导与员工抑制性建言行为的关系中起中介作用	支持

编号	假设内容	假设检验结果
H6c	下属对领导信任在员工导向授权型领导与员工个人创新行为的关系中起中介作用	支持
H6d	下属对领导信任在员工导向授权型领导与员工问题预防行为的关系中起中介作用	支持
H7a	员工的促进型调节焦点对员工促进性建言行为有显著正向影响	支持
H7b	员工的促进型调节焦点对员工个人创新行为有显著正向影响	支持
H8a	员工的防御型调节焦点对员工抑制性建言行为有显著正向影响	支持
H8b	员工的防御型调节焦点对员工问题预防行为有显著正向影响	支持
H9a	员工的促进型调节焦点显著调节心理授权与员工促进性建言行为之间的关系；当员工的促进型调节焦点倾向较强时，心理授权对员工促进性建言行为的正向影响更强	支持
H9b	员工的促进型调节焦点显著调节下属对领导信任与员工促进性建言行为之间的关系；当员工的促进型调节焦点倾向较强时，下属对上级信任对员工促进性建言行为的正向影响更强	不支持
H9c	员工的促进型调节焦点显著调节心理授权与员工个人创新行为之间的关系；当员工的促进型调节焦点倾向较强时，心理授权对员工个人创新行为的正向影响更强	支持
H9d	员工的促进型调节焦点显著调节下属对领导信任与员工个人创新行为之间的关系；当员工的促进型调节焦点倾向较强时，下属对上级信任对员工个人创新行为的正向影响更强	不支持
H10a	员工的防御型调节焦点显著调节心理授权与员工抑制性建言行为之间的关系；当员工的防御型调节焦点倾向较强时，心理授权对员工抑制性建言行为的正向影响更强	不支持
H10b	员工的防御型调节焦点显著调节下属对领导信任与员工抑制性建言行为之间的关系；当员工的防御型调节焦点倾向较强时，下属对领导信任对员工抑制性性建言行为的正向影响更强	不支持
H10c	员工的防御型调节焦点显著调节心理授权与员工问题预防行为之间的关系；当员工的防御型调节焦点倾向较强时，心理授权对员工问题预防行为的正向影响更强	不支持
H10d	员工的防御型调节焦点显著调节下属对领导信任与员工问题预防行为之间的关系；当员工的防御型调节焦点倾向较强时，下属对领导信任对员工问题预防行为的正向影响更强	不支持

第七章　跨层次数据的分析与假设检验

第一节　授权型领导的情境效应检验

在多层次数据分析中，情境变量是指由个体层次的变量观测值聚合到群体层次上，形成的具有相同测量内容的群体层次变量；同时包含个体层次变量和团队层次情境变量的多层线性分析被称为情境效应分析，或称为组合效应分析[1][2]。具体到本研究，考虑到团队导向授权型领导变量是由个体层次授权型领导变量聚合而来的，因此，可以将团队导向授权型领导看作是一个情境变量，同时，包含员工导向和团队导向授权型领导的跨层次线性模型是一个情境效应分析模型。

本书利用 HLM 7.0 软件构建授权型领导情境效应模型，分析在员工和团队两个层次上，授权型领导对员工主动工作行为的影响，验证在控制了员工导向授权型领导的影响后，团队导向授权型领导是否仍然对主动工作行为存在显著影响。

一、团队授权型领导对员工促进性建言行为的情境效应

按照多层线性模型分析步骤，首先构建促进性建言行为的空模型，检验因变量组内变异和组间变异显著性。如果模型没有足够群体相似性，则没有进行数据跨层次分析的必要。构建的空模型如下所示。

Level-1 Model：促进性建言行为 $= \beta_{0j} + r_{ij}$ （7.1）

Level-2 Model：$\beta_{0j} = \gamma_{00} + u_{0j}$ （7.2）

使用 HLM7.0 软件进行分析，结果见表 7-1。得到的空模型（模型 1）组内方差

---

① Raudenbush, S. W,, & Bryk, A. S.. Hjearchical linear models: Applications and data analysismethods (2nd ed,)[M].CA: Sage, 2002：139.

② 方杰，邱皓政，张敏强.基于多层结构方程模型的情境效应分析——兼与多层线性模型比较 [J].心理科学进展，2011，19(02)：284－292.

$\sigma^2 = 0.422$，组间方差 $\tau_{00} = 0.107$，所以促进性建言行为的总方差为 $\sigma^2 + \tau_{00} = 0.529$。根据公式 ICC（1）= $\tau_{00} / (\sigma^2 + \tau_{00})$，可以计算出组内相关系数 ICC（1）为 0.202，表明促进性建言行为的方差中，有 20.2% 是源于组间方差，79.8% 是源于组内方差。χ^2 检验结果显示组间方差达到显著水平（$\chi^2 = 296.977$，$p < 0.001$），可见促进性建言行为的组间差异显著，可以继续检验假设。

接下来，根据 Raudenbush、Bryk（2002）和方杰等人（2011）的建议，加入员工导向授权型领导与团队导向授权型领导变量，构建情境效应分析模型（模型3），如下所示。

Level-1 Model：促进性建言行为 = $\beta_{0j} + \beta_{1j}$ * 员工导向授权型领导 + r_{ij} 　　　　（7.3）

Level-2 Model：$\beta_{0j} = \gamma_{00} + \gamma_{01}$ * 团队导向授权型领导 + u_{0j} 　　　　（7.4）

$\beta_{1j} = \gamma_{10}$ 　　　　（7.5）

从表 7-1 中可以看到，在模型 2 中，团队导向授权型领导对员工促进性建言行为的回归系数为 0.344，在 $p < 0.001$ 的水平上显著，说明团队导向授权型领导对员工的促进性建言行为有显著的正向影响，假设 H2a 得到了支持。同时，在模型 2 中，员工导向授权型领导对员工促进性建言行为的回归系数也达到了显著水平（$\gamma_{10} = 0.295$，$p < 0.001$），表明授权型领导对员工促进性建言行为的影响既存在于个体层次，也存在于团队层次。

表7-1　授权型领导对促进性建言行为的情境效应分析

促进性建言行为				
	参数	σ2	τ00	χ2
模型1：零模型				
截距项	2.889***	0.422	0.107	296.977***
模型2：员工导向授权型领导、团队导向授权型领导a促进性建言行为				
截距项	2.896***	0.391	0.083	264.599***
员工导向授权型领导	0.295***			
团队导向授权型领导	0.344***			

注：* 表示 $p < 0.05$，** 表示 $p < 0.01$，*** 表示 $p < 0.001$。

二、团队授权型领导对员工抑制性建言行为的情境效应

同样，首先构建抑制性建言行为空模型，以检验抑制性建言行为在团队层次上是否存在差异，构建的模型如下所示。

Level-1 Model：抑制性建言行为 $= \beta_{0j} + r_{ij}$ （7.6）

Level-2 Model：$\beta_{0j} = \gamma_{00} + u_{0j}$ （7.7）

使用 HLM7.0 软件进行分析，结果见表 7-2。得到的空模型（模型 3）组内方差 $\sigma^2 = 0.360$，组间方差 $\tau_{00} = 0.129$，所以抑制性建言行为的总方差为 $\sigma^2 + \tau_{00} = 0.489$。根据公式 ICC（1）$= \tau_{00} / (\sigma^2 + \tau_{00})$，组内相关系数 ICC（1）为 0.264，表明抑制性建言行为的方差中，有 26.4% 是源于组间方差，73.6% 是源于组内方差。χ^2 检验结果显示组间方差达到显著水平（$\chi^2 = 362.294$，p<0.001），可见抑制性建言行为的组间差异显著，可以进行接下来的假设检验。

在空模型中同时加入员工导向授权型领导与团队导向授权型领导变量，构建情境效应分析模型（模型 4），如下所示。

Level-1 Model 抑制性建言行为 $= \beta_{0j} + \beta_{1j} *$ 员工导向授权型领导 $+ r_{ij}$ （7.8）

Level-2 Model：$\beta_{0j} = \gamma_{00} + \gamma_{01} *$ 团队导向授权型领导 $+ u_{0j}$ （7.9）

$\beta_{1j} = \gamma_{10}$ （7.10）

从表 7-2 中可以看到，在模型 4 中，团队导向授权型领导对员工抑制性建言行为的回归系数为 0.395，在 p < 0.001 的水平上显著，说明团队导向授权型领导对员工的抑制性建言行为有显著的正向影响，假设 H2b 得到了支持。同时，在模型 4 中，员工导向授权型领导对员工抑制性建言行为的回归系数也达到了显著水平（$\gamma_{10} = 0.220$，p < 0.001），表明授权型领导对员工抑制性建言行为的影响既存在于个体层次，也存在于团队层次。

表7-2 授权型领导对抑制性建言行为的情境效应分析

抑制性建言行为				
	参数	σ2	τ00	χ2
模型3：零模型				
截距项	3.037***	0.360	0.129	362.294***
模型4：员工导向授权型领导、团队导向授权型领导a抑制性建言行为				

抑制性建言行为			
截距项	3.045***	0.343	0.093	302.019***
员工导向授权型领导	0.220***			
团队导向授权型领导	0.395***			

注：* 表示 p < 0.05，** 表示 p < 0.01，*** 表示 p < 0.001。

三、团队授权型领导对员工个人创新行为的情境效应

首先构建个人创新行为空模型，检验个人创新行为在团队层次上是否存在差异，构建的模型如下所示。

Level-1 Model：个人创新行为 $= \beta_{0j} + r_{ij}$　　　　　　　　　　　　（7.11）

Level-2 Model：$\beta_{0j} = \gamma_{00} + u_{0j}$　　　　　　　　　　　　　　（7.12）

使用 HLM7.0 软件进行分析，结果见表 7-3，得到的空模型（模型 5）组内方差 $\sigma^2 = 0.401$，组间方差 $\tau_{00} = 0.096$，所以个人创新行为的总方差为 $\sigma^2 + \tau_{00} = 0.497$。根据公式 ICC（1）$= \tau_{00}/(\sigma^2 + \tau_{00})$，组内相关系数 ICC（1）为 0.193，表明个人创新行为的方差中，有 19.3% 是源于组间方差，80.7% 是源于组内方差。χ^2 检验结果显示组间方差达到显著水平（$\chi^2 = 287.789$，p < 0.001），可见个人创新行为的组间差异显著，可以进行接下来的假设检验。

在空模型中同时加入员工导向授权型领导与团队导向授权型领导变量，构建情境效应分析模型（模型 6），如下所示。

Level-1 Model：个人创新行为 $= \beta_{0j} + \beta_{1j}*$ 员工导向授权型领导 $+ r_{ij}$　　（7.13）

Level-2 Model：　$\beta_{0j} = \gamma_{00} + \gamma_{01}*$ 团队导向授权型领导 $+ u_{0j}$　　（7.14）

$\beta_{1j} = \gamma_{10}$　　　　　　　　　　　　　　　　　　　　　　（7.15）

从表 7-3 中可以看到，在模型 6 中，团队导向授权型领导对员工个人创新行为的回归系数为 0.330，在 p < 0.001 的水平上显著，说明团队导向授权型领导对员工的个人创新行为有显著的正向影响，假设 H2c 得到了支持。同时，在模型 6 中，员工导向授权型领导对员工个人创新行为的回归系数也达到了显著水平（$\gamma_{10} = 0.325$，p < 0.001），表明授权型领导对员工个人创新行为的影响既存在于个体层次，也存在于团队层次。

表7-3 授权型领导对个人创新行为的情境效应分析

个人创新行为				
	参数	σ2	τ00	χ2
模型5：零模型				
截距项	3.020***	0.401	0.096	287.789***
模型6：员工导向授权型领导、团队导向授权型领导a个人创新行为				
截距项	3.028***	0.363	0.077	263.781***
员工导向授权型领导	0.325***			
团队导向授权型领导	0.330***			

注：* 表示 p < 0.05，** 表示 p < 0.01，*** 表示 p < 0.001。

四、团队授权型领导对员工问题预防行为的情境效应

首先构建问题预防行为的空模型，检验问题预防行为在团队层次上是否存在差异，构建的模型如下所示。

Level-1 Model：问题预防行为 $= \beta 0j + rij$ （7.16）

Level-2 Model：$\beta 0j = \gamma 00 + u0j$ （7.17）

使用 HLM7.0 软件进行分析，结果见表 7-4，得到的空模型（模型 7）组内方差 $\sigma^2 = 0.377$，组间方差 $\tau_{00} = 0.116$，所以问题预防行为的总方差为 $\sigma^2 + \tau_{00} = 0.493$。根据公式 ICC（1）$= \tau_{00} / (\sigma^2 + \tau_{00})$，可以计算出组内相关系数 ICC（1）为 0.235，表明问题预防行为的方差中，有 23.5% 是源于组间方差，76.5% 是源于组内方差。χ^2 检验结果显示组间方差达到显著水平（$\chi^2 = 335.738$，p < 0.001），可见问题预防行为的组间差异显著，可以进行接下来的假设检验。

在空模型中同时加入员工导向授权型领导与团队导向授权型领导变量，构建情境效应分析模型（模型 8），如下所示。

Level-1 Model：问题预防行为 $= \beta_{0j} + \beta_{1j}*$ 员工导向授权型领导 $+ r_{ij}$ （7.18）

Level-2 Model：$\beta_{0j} = \gamma_{00} + \gamma_{01}*$ 团队导向授权型领导 $+ u_{0j}$ （7.19）

$\beta_{1j} = \gamma_{10}$ （7.20）

从表7-4中可以看到，在模型8中，团队导向授权型领导对员工问题预防行为的回归系数为0.432，在 $p < 0.001$ 的水平上显著，说明团队导向授权型领导对员工的问题预防行为有显著的正向影响，假设 H2d 得到了支持。同时，在模型8中，员工导向授权型领导对员工问题预防行为的回归系数也达到了显著水平（$\gamma_{10} = 0.268$，$p < 0.001$），表明授权型领导对员工问题预防行为的影响既存在于个体层次，也存在于团队层次。

表7-4　授权型领导对问题预防行为的情境效应分析

问题预防行为				
	参数	σ2	τ00	χ2
模型7：零模型				
截距项	3.511***	0.377	0.116	335.738***
模型8：员工导向授权型领导、团队导向授权型领导a问题预防行为				
截距项	3.516***	0.352	0.071	256.657***
员工导向授权型领导	0.268***			
团队导向授权型领导	0.432***			

注：* 表示 $p < 0.05$，** 表示 $p < 0.01$，*** 表示 $p < 0.001$。

第二节　跨层次的中介效应检验

一、团队授权对心理授权的影响

团队授权是团队层次变量，个人心理授权是个人层次变量，所以检验团队授权对心理授权的影响作用需要构建多层线性模型。

首先，采用 HLM7.0 软件构建心理授权的空模型，如下所示。

Level-1 Model：心理授权 $= \beta_{0j} + r_{ij}$ 　　　　　　　　　　（7.21）

Level-2 Model：$\beta_{0j} = \gamma_{00} + u_{0j}$ 　　　　　　　　　　　（7.22）

运行结果显示，空模型（表 7-5，模型 9）的组内方差 $\sigma^2 = 0.434$，组间方差 $\tau_{00} = 0.137$，

组间方差达到显著水平（$\chi^2 = 355.090$，$p < 0.001$）。计算可得，心理授权的总方差为 $\sigma^2 + \tau_{00} = 0.571$，ICC（1）$= \tau_{00} / (\sigma^2 + \tau_{00}) = 0.240$，表明在心理授权的方差中，有 24.0% 是源于组间方差，76.0% 是源于组内方差，且心理授权具有显著的组间和组内差异，可以构建多层线性模型。

其次，加入 Level 2 变量团队授权，构建模型 10，如下所示。

Level-1 Model：心理授权 $= \beta_{0j} + r_{ij}$ (7.23)

Level-2 Model：$\beta_{0j} = \gamma_{00} + \gamma_{01} *$ 团队授权 $+ u_{0j}$ (7.24)

结果显示，团队授权对员工心理授权的回归系数为 0.664（模型 10），在 $p < 0.001$ 的水平上显著，说明团队授权对员工的心理授权有显著的正向影响，假设 H12 得到了支持。

表7-5　团队授权对心理授权的影响分析

心理授权				
	参数	σ2	τ00	χ2
模型9：零模型				
截距项	5.505***	0.434	0.137	355.090***
模型10：团队授权a心理授权				
截距项	5.524***	0.435	0.024	156.383*
团队授权	0.664***			

注：* 表示 $p < 0.05$，** 表示 $p < 0.01$，*** 表示 $p < 0.001$。

二、团队授权在团队导向授权型领导与心理授权间的中介效应

根据 Zhang、Zyphur 和 Preacher（2009）提出的跨层次中介效应模型，最常见的两层级中介效应模型有三种（如图 7-1 所示）：第一种是跨层次低层中介变量模型，一般简称为 2-1-1 模型，是指自变量 X 位于第二层次、中介变量 M 和因变量 Y 都位于第一层次的中介效应模型；第二种是跨层次高层中介变量模型，一般简称为 2-2-1 模型，是指自变量 X 和中介变量 M 都位于第二层次、因变量 Y 位于第一层次的中介效应模型；

第三种是低层次中介模型，一般简称为 1-1-1 模型，是指自变量 X、中介变量 M 和因变量 Y 都位于第一层次的中介效应模型[①]。

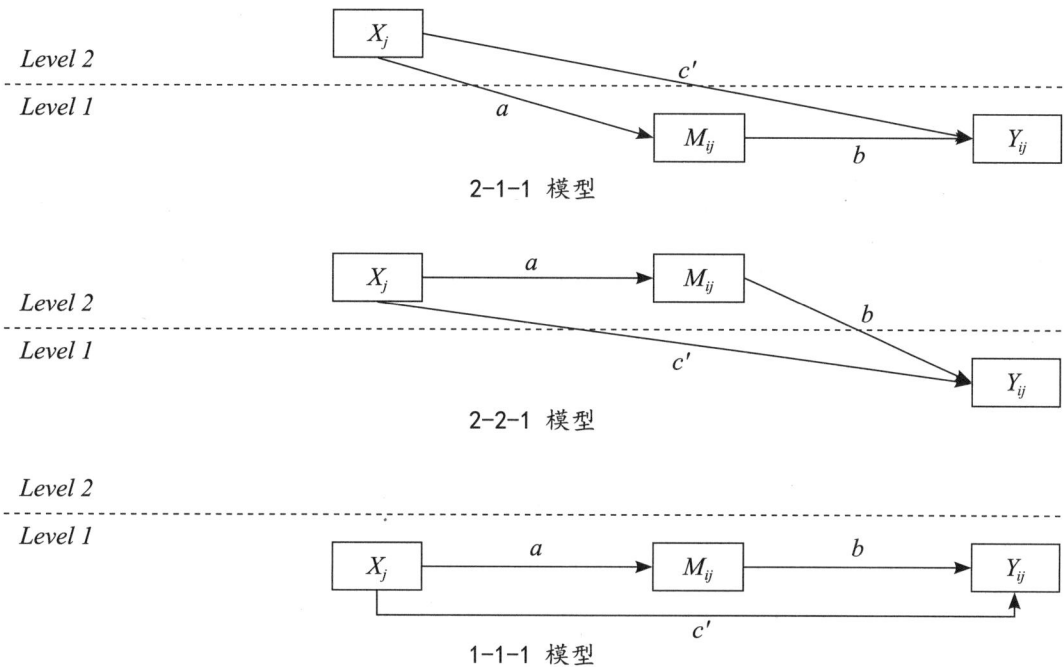

图7-1 三种多层次中介效应模型

资料来源：Zhang, Z., Zyphur, M. J., Preacher, K. J.. Testing multilevel mediation using hierarchical linear models: Problems and solutions[J]. *Academy of Management Annual Meeting Proceedings*, Vol.12,No.4(2009),pp. 695－719.

根据本书研究假设 H13，团队授权在团队导向授权型领导与个人心理授权间发挥中介作用。由于团队导向授权型领导与团队授权均属于第二层次，员工心理授权属于第一层次，因此为了验证上述假设，构建多层次中介效应的 2-2-1 模型，即跨层次高层中介变量模型加以验证。

参考 Zhang 及其同事（2009）提出的 2-2-1 模型检验方法，团队授权在团队导向授

---

① Zhang, Z., Zyphur, M. J., Preacher, K. J.. Testing multilevel mediation using hierarchical linear models: Problems and solutions[J]. *Academy of Management Annual Meeting Proceedings*, Vol.12,No.4(2009),pp. 695－719.

权型领导与员工心理授权间的中介效应检验可以分为五个步骤,具体分析结果见表7-6。

第一步,构建心理授权的零模型。如前文所述,进行多层线性回归分析之前,需要先构建因变量零模型,以检验数据是否存在显著的组间变异和组内变异,明确数据是否有进行多层次分析的意义。本章第二节模型9已完成了对心理授权零模型的检验,故此处不再赘述。

第二步,在零模型检验符合要求的基础上,检验中介变量对因变量的效应,即团队授权对员工心理授权是否存在显著影响,由于团队授权位于第二层,心理授权位于第一层,因此建立"以截距为结果的模型"。根据前文对假设H12的验证,团队授权对心理授权存在显著正向影响(模型10)。

第三步,检验自变量对因变量的直接效应,即团队导向授权型领导对员工的心理授权是否存在显著影响。团队导向授权型领导和心理授权分别位于不同层次,因此建立"以截距为结果的模型",自变量对因变量的回归系数应当显著。

构建的模型如下所示。

Level-1 Model: 心理授权 $= \beta_{0j} + r_{ij}$ (7.25)

Level-2 Model: $\beta_{0j} = \gamma_{00} + \gamma_{01} *$ 团队导向授权型领导 $+ u_{0j}$ (7.26)

在模型11中,团队导向授权型领导对员工心理授权的回归系数为0.553,在 $p < 0.001$ 的水平上显著,说明团队导向授权型领导对员工的心理授权有显著的正向影响。

第四步,检验自变量对中介变量的直接效应,即团队导向授权型领导对团队授权是否存在显著影响,自变量对中介变量的回归系数应当显著。

由于团队导向授权型领导与团队授权位于同一层,故采用SPSS软件进行分析,构建的回归方程如下所示。

Level-2 Model: 团队授权 $= \beta_0 + \beta_1 *$ 团队导向授权型领导 $+ r$ (7.27)

分析结果显示,回归系数 β_1 为0.671,在 $p < 0.001$ 的水平上达到显著,表明团队导向授权型领导对团队授权存在显著正向影响(模型12),研究假设H11得到支持。

第五步,令自变量和中介变量同时进入模型,检验自变量团队导向授权型领导对员工主动工作行为的效应是否因中介变量团队授权的存在而消失。如果自变量对因变量影响作用的不显著,且中介变量对因变量影响作用显著,则说明具有完全的跨层次中介效应；如果自变量对因变量有显著效应，但其回归系数绝对值小于第二步中自变量对因变量直接效应的回归系数绝对值，且中介变量对因变量影响作用的回归系数显著，则说明具有部分的跨层次中介效应。

根据要求构建模型如下。

Level-1 Model：心理授权 $= \beta_{0j} + r_{ij}$ （7.28）

Level-2 Model：$\beta_{0j} = \gamma_{00} + \gamma_{01}*$ 团队导向授权型领导 $+ \gamma_{02}*$ 团队授权 $+ u_{0j}$ （7.29）

分析结果显示，模型 13 的回归系数 γ_{01} 达到了显著水平（$\gamma_{01}= 0.189$，$p < 0.05$），说明在有中介变量团队授权的情况下，团队导向授权型领导对员工心理授权的影响仍然显著；回归系数 γ_{02} 在 $p < 0.001$ 的水平显著（$\gamma_{02}= 0.541$），说明团队授权对心理授权有显著正向作用。对比模型 11，模型 13 中的 γ_{01} 小于模型 11 中的 γ_{01}，可见团队授权在团队导向授权型领导与员工心理授权间起到了部分跨层次中介作用，假设 H13 得到了验证。

表7-6　团队授权在团队导向授权型领导与员工心理授权间的中介效应

	参　数	σ^2	τ_{00}	χ^2
模型9：零模型（心理授权）				
截距项	5.505***	0.434	0.137	355.090***
模型10：团队授权a心理授权				
截距项	5.524***	0.435	0.024	156.383*
团队授权	0.664***			
模型11：团队导向授权型领导a心理授权				
截距项	5.518***	0.434	0.062	219.140***
团队导向授权型领导	0.553***			
模型12：团队导向授权型领导a团队授权				
团队授权	0.671***			
模型13：团队导向授权型领导、团队授权a心理授权				
截距项	5.528***	0.435	0.020	148.927*
团队导向授权型领导	0.189*			
团队授权	0.541***			

注：* 表示 $p < 0.05$，** 表示 $p < 0.01$，*** 表示 $p < 0.001$。

三、心理授权在团队授权与员工主动工作行为间的中介效应

由于团队授权位于第二层，员工的心理授权和主动工作行为属于第一层，故构建多层次中介效应的 2-1-1 模型，即跨层次低层中介变量模型。参考 Zhang 及其同事（2009）提出的 2-1-1 模型检验方法，下面对心理授权在团队授权与主动工作行为间的中介效应进行检验，分析结果见表 7-7。

第一步，分别构建促进性建言行为（模型 14）、抑制性建言行为（模型 15）、个人创新行为（模型 16）和问题预防行为（模型 17）四种主动工作行为的零模型。

Level-1 Model：主动工作行为 = $\beta_{0j} + r_{ij}$　　　　　　　　　　　（7.30）

Level-2 Model：$\beta_{0j} = \gamma_{00} + u_{0j}$　　　　　　　　　　　　　（7.31）

由 σ^2 和 τ_{00} 值可以计算得到促进性建言行为、抑制性建言行为、个人创新行为和问题预防行为的组内相关系数 ICC（1），依次等于 0.202、0.264、0.193 和 0.235，均大于 0.12，且卡方检验都在 $p < 0.001$ 的水平上显著，说明四种主动工作行为都具有显著的组间和组内差异，可以进行多层次假设检验。

第二步，检验团队授权对促进性建言行为（模型 18）、抑制性建言行为（模型 19）、个人创新行为（模型 20）和问题预防行为（模型 21）四种主动工作行为的直接效应。将团队授权分别加入四种主动工作行为的零模型，得到模型如下。

Level-1 Model：主动工作行为 = $\beta_{0j} + r_{ij}$　　　　　　　　　　　（7.32）

Level-2 Model：$\beta_{0j} = \gamma_{00} + \gamma_{01}*$ 团队授权 $+ u_{0j}$　　　　　　（7.33）

HLM 分析结果显示，模型 18 中的回归系数 γ_{01} 等于 0.359，在 $p < 0.001$ 的水平上显著，说明团队授权对员工促进性建言行为有显著正向影响；模型 19 中的回归系数 γ_{01} 等于 0.405，在 $p < 0.001$ 的水平上显著，说明团队授权对员工抑制性建言行为有显著正向影响；模型 20 中的回归系数 γ_{01} 等于 0.429，在 $p < 0.001$ 的水平上显著，说明团队授权对员工个人创新行为有显著正向影响；最后，模型 21 中的回归系数 γ_{01} 等于 0.482，在 $p < 0.001$ 的水平上显著，说明团队授权对员工问题预防行为有显著正向影响。

第三步，检验团队授权对个人心理授权的影响。

由于前文已对团队授权与个人心理授权的关系进行了分析（见本章模型 11），故此处不再赘述。根据前文分析结果，团队授权与个人心理授权正相关。

第四步，检验员工心理授权对促进性建言行为、抑制性建言行为、个人创新行为

和问题预防行为的影响。根据第五章员工层次上的假设检验结果，员工心理授权对上述四种主动工作行为均存在显著正向影响。

第五步，令团队授权和心理授权同时进入分别以促进性建言行为（模型 22）、抑制性建言行为（模型 23）、个人创新行为（模型 24）和问题预防行为（模型 25）为因变量的跨层次回归模型，得到如下方程。

Level-1 Model：主动工作行为 $= \beta_{0j} + \beta_{1j} *$ 心理授权 $+ r_{ij}$　　　　　　　（7.34）

Level-2 Model：$\beta_{0j} = \gamma_{00} + \gamma_{01} *$ 团队授权 $+ u_{0j}$　　　　　　　　　（7.35）

$\beta_{1j} = \gamma_{10}$　　　　　　　　　　　　　　　　　　　　　　　　　　（7.36）

在模型 22 中，心理授权的回归系数达到了显著水平（$\beta_{1j} = 0.376$，p < 0.001），团队授权的回归系数 γ_{01} 同样达到了显著水平（$\gamma_{01} = 0.242$，p < 0.001），且团队授权的回归系数 γ_{01} 绝对值小于模型 18 中的 γ_{01} 绝对值。综合之前各步骤的分析结果，心理授权在团队授权与员工促进性建言行为的关系间起到了部分的跨层次中介的作用，假设 H14a 得到了支持。在模型 23 中，心理授权的回归系数达到了显著水平（$\beta_{1j} = 0.198$，p < 0.001），团队授权的回归系数 γ_{01} 也达到了显著水平（$\gamma_{01} = 0.315$，p < 0.001），且团队授权的回归系数 γ_{01} 绝对值小于模型 19 中的 γ_{01} 绝对值，这表明心理授权在团队授权与员工抑制性建言行为的关系间起到了部分的跨层次中介的作用，假设 H14b 得到了支持。在模型 24 中，心理授权的回归系数达到了显著水平（$\beta_{1j} = 0.379$，p < 0.001），团队授权的回归系数 γ_{01} 达到了显著水平（$\gamma_{01} = 0.338$，p < 0.001），且团队授权的回归系数 γ_{01} 绝对值小于模型 20 中的 γ_{01} 绝对值，这表明心理授权在团队授权与员工个人创新行为的关系间起到了部分的跨层次中介的作用，假设 H14c 得到了支持。在模型 25 中，心理授权的回归系数达到了显著水平（$\beta_{1j} = 0.263$，p < 0.001），团队授权的回归系数 γ_{01} 达到了显著水平（$\gamma_{01} = 0.364$，p < 0.001），且团队授权的回归系数 γ_{01} 绝对值小于模型 21 中的 γ_{01} 绝对值，说明心理授权在团队授权与员工问题预防行为的关系间起到了部分的跨层次中介的作用，假设 H14d 得到了支持。

表7-7　心理授权在团队授权与主动工作行为间的中介效应

	促进性建言	抑制性建言	个人创新	问题预防
空模型				
	模型14	模型15	模型16	模型17
截距项	2.889***	3.037***	3.020***	3.511***
σ2	0.422	0.360	0.401	0.377
τ00	0.107	0.129	0.096	0.116
团队授权a主动工作行为				
	模型18	模型19	模型20	模型21
截距项	2.897***	3.047***	3.032***	3.517***
团队授权	0.359***	0.405***	0.429***	0.482***
σ2	0.420	0.359	0.400	0.379
τ00	0.080	0.094	0.057	0.059
团队授权、心理授权a主动工作行为				
	模型22	模型23	模型24	模型25
截距项	2.894***	3.043***	3.028***	3.515***
团队授权	0.242***	0.315***	0.338***	0.364***
心理授权	0.376***	0.198***	0.379***	0.263***
σ2	0.361	0.343	0.341	0.350
τ00	0.103	0.108	0.077	0.082

注：* 表示 $p < 0.05$，** 表示 $p < 0.01$，*** 表示 $p < 0.001$。

第三节　团队层次研究假设结果汇总

本章就团队层次上的团队导向授权型领导与团队授权的关系，以及团队授权和心理授权的跨层次中介效应进行了分析与验证，实证结果支持本研究提出的全部团队层次及跨层次研究假设。下面就团队层次实证分析结果加以总结，更加深入的综合性讨论与结论分析将在第八章中进行。

表7-8 团队层次研究假设结果汇总

编 号	假设内容	检验结果
H2a	团队导向授权型领导对员工促进性建言行为有显著正向影响	支持
H2b	团队导向授权型领导对员工抑制性建言行为有显著正向影响	支持
H2c	团队导向授权型领导对员工个人创新行为有显著正向影响	支持
H2d	团队导向授权型领导对员工问题预防行为有显著正向影响	支持
H11	团队导向授权型领导对团队授权有显著正向影响	支持
H12	团队授权对员工心理授权有显著正向影响	支持
H13	团队授权在团队导向授权型领导与员工心理授权的关系中起中介作用	支持
H14a	心理授权在团队授权与员工促进性建言行为的关系中起中介作用	支持
H14b	心理授权在团队授权与员工抑制性建言行为的关系中起中介作用	支持
H14c	心理授权在团队授权与员工个人创新行为的关系中起中介作用	支持
H14d	心理授权在团队授权与员工问题预防行为的关系中起中介作用	支持

第八章　研究结论与展望

第一节　主要结论及讨论

以理论模型为依据，本书通过理论分析和实证研究，从组织微观与中观两个层次探索授权型领导对员工主动工作行为的影响机制，考察员工心理授权和对领导信任，以及团队共享授权感知在其间的中介传导作用；同时，分析特质性调节焦点这一个人特质变量在上述中介过程中的调节效应，以期进一步揭开员工主动工作行为产生机制的"黑箱"。

本研究得到的研究结论可以概括为七个方面。

结论一：在中国文化情境下，员工导向和团队导向授权型领导均能够有效促进员工促进性建言行为、抑制性建言行为、个人创新行为和问题预防行为这四种主动工作行为。

本书从实证角度验证了在中国组织情境下，员工导向授权型领导和团队导向授权型领导对员工主动工作行为的影响作用。研究发现，在员工层次上，员工导向授权型领导对四种主动工作行为均存在显著促进作用；在团队层次上，控制员工导向授权型领导之后，团队导向授权型领导对四种主动工作行为的促进作用仍然显著，表明团队层次上的团队导向授权型领导与这四种员工主动行为均显著正向相关，员工导向授权型领导与团队导向授权型领导共同作用于员工主动工作行为。

结论二：在员工层次上，员工导向授权型领导通过激发员工心理授权，可以有效促进员工主动工作行为，这一结果进一步凸显了心理授权在授权型领导与员工行为之间的重要传导作用。

本研究对心理授权在员工导向授权型领导与四种主动工作行为间的中介作用进行了检验，分析结果显示，心理授权在员工导向授权型领导对促进性建言行为、抑制性建言行为、个人创新行为和问题预防行为的影响过程中均起到了部分中介作用。这一结果进一步验证了"授权型领导行为——员工心理授权——员工行为"的工作授权作用机制，彰显了员工个人心理授权体验在领导授权过程中的关键作用。Spreitzer（2008）指出，在工作授权研究领域，仅仅关注领导的授权行为或是员工的心理授权水平都是不够充分的，想要全面地理解工作授权的作用过程和机制，需要整合上述两个研究角度，综合考察领导授权行为如何通过心理授权激励员工的积极表现。本书的研究结果对上述主张提供了一定支持。

结论三：在员工层次上，员工导向授权型领导通过增强下属对领导信任，可以有效促进员工抑制性建言行为、个人创新行为和问题预防行为，但是并不能促进员工促进性建言行为。

本书就下属对领导信任在员工导向授权型领导与四种主动工作行为间的中介作用进行了检验，分析结果显示，下属对领导信任在授权型领导与员工抑制性建言行为、个人创新行为和问题预防行为之间起到了部分中介作用，但并没有中介授权型领导与促进性建言行为两者间的关系。上述结果的产生可能与员工对不同行为的风险认知有关：学界普遍认为，信任是影响个人风险承担意愿的关键要素（Mayer 等 1995），而促进性建言行为与其他三种主动工作行为相比，所要承担的风险相对较低，所以在授权型领导影响员工促进性建言行为的过程中，下属对领导信任所发挥的作用有限。具体而言，促进性建言行为是提出如何改善工作现状的创新性建议，抑制性建言则是指出工作中的不当行为与不利程序，因此与抑制性建言相比，促进性建言行为不会导致负面情绪的滋生，不必担心他人对自己产生坏印象或是破坏人际关系，所以促进性建言所要承担的风险远低于抑制性建言行为。与个人创新行为与问题预防行为相比，促进性建言行为仅仅是提出建议，并不需要自己实现所提出的创新构想，所以不必承担行动过程中的不确定性和可能的失败后果，因此促进性建言行为的风险程度同样要低于创新行为和问题预防行为。

结论四：在员工层次上，提升员工促进型调节焦点有助于激励员工开展广泛的主动工作行为，提升员工的防御型调节焦点有助于激励员工采取以避免消极结果为目的的主动工作行为。

本研究通过实证分析发现，促进型调节焦点对四种主动工作行为均存在显著促进作用，而防御型调节焦点仅对员工的抑制性建言行为和问题预防行为有显著正向影响。在四种主动工作行为中，促进性建言行为和个人创新行为都希望通过改善现有工作状态，提高工作效率、获得更好的绩效表现和产出结果，这反映了员工对积极结果的追求和渴望，符合促进型调节焦点的目标追求需要，因此促进型调节焦点有助于激发员工促进性建言行为和个人创新行为。本书的实证分析结果验证了上述推断。抑制性建言行为和问题预防行为更关注如何杜绝不良工作现象，避免消极结果的发生。这种竭力避免错误与损失的倾向符合防御型调节焦点的目标追求需要，因此防御型调节焦点有助于促进员工的抑制性建言行为和问题预防行为，本书的实证分析结果也证实了这一假设。

但是，进一步的实证分析发现，促进型调节焦点对员工抑制性建言行为和问题预防行为同样存在显著正向影响，防御型调节焦点则与员工促进性建言行为和个人创新行为不相关，这体现了促进型调节焦点可能对主动工作行为存在更加普遍意义上的促进作用。一个可能的解释是：抑制性建言行为和问题预防行为都是主动工作行为，根据主动工作行为的定义，这两种行为都是员工为了改变当前工作情境而采取的提前行动，实现这两种行为需要员工对变革抱有积极肯定的态度，并具有一定前瞻性，而促进型调节焦点与个人对变革的接受程度密切相关。研究者们通过实验发现，具有较强促进型调节焦点的个人往往对变革抱有更加欢迎的态度[1]，在面对问题时会表现出较强的探索精神，提出更多解决问题的可行方案[2]。在促进型调节焦点的驱动下，员工会更乐于主动寻求可行措施，努力改变工作中的有害现象。此外，抑制性建言行为和问题预防行为都具有高风险性，促进型调节焦点的一大典型特征就是会提高个人的冒险意愿（Crowe 和 Higgins，1997）。具有高促进型调节焦点的员工不愿放弃任何可能的成功机会，敢于挑战和承担风险，他们较少担心抑制性建言行为和问题预防行为的潜在风险，故而更容易投入到这两种行为之中。考虑到促进型调节焦点和防御型调节焦点之

---

① Liberman, N., Idson, L. C., Camacho, C. J.,et al.. Promotion and prevention choices between stability and change[J].*Journal of Personality & Social Psychology*, Vol.77, No.6 (1999), pp.1135－1145.

② Liberman, N., et al.. Promotion and prevention focus on alternative hypotheses：implications for attributional functions[J].*Journal of Personality & Social Psychology*,Vol.80, No.1(2001), pp. 5－18.

间虽然存在不少差异，但在本质上互相独立、并不矛盾（Higgins，1998），因此，促进型调节焦点和防御型调节焦点均能促进员工抑制性建言行为与问题预防行为的研究结论是可以成立的。Lin和Johnson（2015）[①]最新发表的文章也为上述结论提供了一定支持。在他们的研究中，特质性促进型调节焦点对员工的抑制性建言行为也存在正向影响。

结论五：在员工导向授权型领导通过心理授权影响促进性建言行为和个人创新行为的路径中，促进型调节焦点会增强心理授权对上述两种行为的正向影响幅度；但是该调节作用在下属对领导信任作为中介变量的情况下不显著。

通过构建有调节的中介模型，本研究就促进型调节焦点在"授权型领导——心理授权／下属对领导信任——员工促进性建言行为／个人创新行为"路径中，对中介变量与主动工作行为关系的调节作用进行了探讨。研究发现，在授权型领导影响促进性建言行为和个人创新行为的过程中，促进型调节焦点正向调节心理授权的中介效应。心理授权反映了员工对自身工作能力的信心和对工作价值、影响及自我决定力的积极感受，促进型调节焦点反映了员工对追求成就的个人偏好。在授权型领导影响员工促进性建言行为和个人创新行为过程中，中介变量心理授权与员工的促进型调节焦点交互作用，共同对员工的促进性建言行为和个人创新行为施加影响。在绘制调节效应趋势图的基础上，本研究发现，当员工的促进型调节焦点较强时，心理授权对员工促进性建言行为和个人创新行为的正向影响会更加强烈，换句话说，在相同的心理授权水平下，具有较强促进型调节焦点倾向的员工会表现出更多促进性建言行为和个人创新行为。

在下属对领导信任方面，由于下属对领导信任在授权型领导与员工促进性建言行为间没有显著中介效应，故不满足有调节的中介效应检验标准，调节效应不成立。在"授权型领导——下属对领导信任——员工个人创新行为"过程中，经检验促进型调节焦点的调节效应不显著，这可能是因为下属对领导信任激发员工创新动机的方式与心理授权不同，或是因为样本的局限性等原因，需要后续研究的分析与探讨。此外，防御型调节焦点的调节作用经分析不成立，这一结果也需要更进一步的研究检验。

---

① Lin, S., Johnson, R. E.. A suggestion to improve a day keeps your depletion away: Examining promotive and prohibitive voice behaviors within a regulatory focus and ego depletion framework[J]. *Journal of Applied Psychology*, Vol.100, No.5(2015), pp. 1381—1397.

结论六：在团队层次与跨层次上，团队导向授权型领导是提升团队授权的有效手段；团队导向授权型领导通过作用于团队授权，对员工层次的心理授权产生跨层次正向影响；团队授权通过影响员工心理授权，可以对员工层次的主动工作行为产生跨层次正向影响。

通过构建授权型领导对主动工作行为跨层次影响模型，本书对团队导向授权型领导、团队授权这两个团队层次变量的关系，以及它们影响员工层次变量过程中的跨层次中介效应进行了检验。首先，回归分析结果表明，团队导向授权型领导与团队授权显著正向相关。其次，团队导向授权型领导、团队授权和员工心理授权可以构成"2-2-1"式跨层次中介模型，团队授权为中介变量。分析结果显示，团队导向授权型领导对员工心理授权有显著正向影响，且团队授权在两者间起到了部分跨层次中介作用。最后，团队授权、心理授权和员工主动工作行为间可以构成"2-1-1"式跨层次中介模型，心理授权为中介变量。多层线性回归分析结果表明，团队授权对员工促进性建言行为、抑制性建言行为、个人创新行为和问题预防行为均有显著促进作用，心理授权在团队授权与这四种主动工作行为间起到了部分跨层次中介作用。当团队成员普遍感受到较高程度的授权型领导时，团队内部会形成良好的授权氛围，在这样的氛围感染下，团队成员对所在团队充满信心，相信团队能够自主解决各种问题，进而产生较高的团队授权感。这种集体共享的授权感受会在团队互动过程中进一步传递给每个团队成员，激发团队成员个人的心理授权体验，进而促进员工积极参与到主动工作行为之中。

结论七：促进性建言行为、抑制性建言行为、个人创新行为和问题预防行为这四种主动工作行为在影响因素上存在一定差异。

本研究以 Parker 和 Collins（2010）提出的主动行为概念模型为依据，对四种典型主动工作行为的影响因素及其作用机制进行了比较。研究结果显示，授权型领导、心理授权和促进型调节焦点对这四种主动工作行为均存在显著促进作用，而下属对领导信任和防御型调节焦点在不同主动工作行为间存在明显差异：下属对领导信任是授权型领导影响抑制性建言行为、个人创新行为和问题预防行为过程中的中介变量，但在授权型领导与促进性建言行为间没有起到中介作用；防御型调节焦点仅对抑制性建言行为和问题预防行为存在显著正向影响，对促进性建言行为和个人创新行为没有影响。

第二节 研究结论的贡献与启示

一、理论贡献

第一，基于中国组织情境，对授权型领导影响员工主动工作行为的跨层次机制进行了探索。回顾已有文献，发现在领导行为研究领域，前人的研究主要立足于员工层次或是团队、组织层次，分别探讨领导对员工行为的影响作用，关于领导行为在多层次间的跨层次研究相对少见。在有限的相关研究中，也主要聚焦在变革型领导、真实型领导角度，对其他领导风格的跨层次影响缺乏关注。本书在探索性研究基础上，构建基于中国组织情境的授权型领导对员工主动工作跨层次影响模型，从员工导向和团队导向授权型领导两个视角入手，深入分析员工与团队层次授权型领导对员工层次上主动工作行为的影响，以及团队授权、心理授权在其间的跨层次中介作用，揭示了团队授权型领导、团队授权影响员工主动工作行为的跨层次作用路径，有助于揭开授权型领导跨层次作用路径的"黑箱"。Gilad 和 Bliese（2002）指出，相同构念在不同的分析层次上，可能表现出不同的作用机制。因此将员工导向和团队导向授权型领导加以区分，比较两者对员工个人行为的不同影响机制及跨层次的作用具有重要的理论意义。

第二，聚焦主动工作行为领域，挖掘主动工作行为的共性与差异。通过文献回顾发现，尽管近年来一些学者开始关注主动行为的系统性研究及多种主动行为间的比较研究，但相关文献仍十分有限，亟待丰富和完善。基于此，本书选择从主动工作行为这一主动行为大类入手，分析和比较四种典型主动工作行为在产生机制上的异同。目前，还未有研究聚焦主动工作行为这一主动行为大类，对多种主动工作行为间的共性与差异开展深入讨论。本书研究结果揭示了四种主动工作行为的影响因素及其作用机制确实存在异同，这有助于深化学界关于主动工作行为的系统性认识，是对相关领域研究内容的重要补充和丰富。此外，本研究发现，授权型领导、心理授权和促进型调节焦点对四种主动行为均存在促进作用，这一规律是否对其他主动工作行为同样适用，是值得继续探讨的方向。

第三，关于促进性建言行为和抑制性建言的研究结论，为区分两类建言行为提供了实证支持。Liang 及其同事（2012）虽然从理论角度阐明了区分促进性建言行为和抑制性建言行为的重要性，许多学者的后续研究也采用了这一区分方式，但在 Liang 等人的实证研究中，他们提出的三个前因变量对促进性建言行为和抑制性建言行为的影响并未发现差异。本研究通过验证下属对领导信任、员工调节焦点在影响两类建言行为过程中的不同作用，从实证的角度为区别促进性建言行为与抑制性建言行为提供了新的依据，弥补了前人研究的不足，有力地证实了在研究和管理实践中区别这两类建言行为是可行且有意义的。

第四，揭示特质性调节焦点对主动工作行为的不同影响，探索主动行为的个人影响因素研究新视角。以往主动行为研究主要从主动性人格角度讨论个人特质与主动行为的关系，对其他个人特质关注不多。本研究选择从调节焦点这一新视角切入，试图挖掘其他个人特质对主动工作行为的潜在影响，并获得了一些有建设性的结论。首先，员工促进型调节焦点可能对主动工作行为存在广泛的促进作用。由于本书仅涉及四种主动工作行为，所以促进型调节焦点是否在普遍意义上促进主动工作行为（甚至主动行为），还有待进一步检验，但仅就本书研究结果来看，促进型调节焦点是多种主动工作行为的重要前因变量。其次，防御型调节焦点可以有效激发以避免消极结果为主要目标的主动工作行为（抑制性建言行为和问题预防行为），这体现了调节焦点与员工主动工作行为的关系可能具有一定规律性，值得进一步探讨。

此外，上述发现也为主动行为的划分方式提供了一个新的可行视角，即以调节焦点为依据，从"追求积极结果"和"避免消极结果"两方面划分主动行为。近年来，随着越来越多的主动行为被定义，如何科学、有效地归类和划分众多形式的主动行为，已然成为学界关注的热点。上述划分方式为区分主动行为提供了一个新的角度，但这一划分方式的有效性还需要更多实证研究的检验。

二、对管理实践的启示

本书围绕"如何有效促进员工主动工作行为"这一中心，就授权型领导对主动工作行为的影响及其作用机制进行了深入讨论。组织管理者根据本书研究揭示的机理，可以从以下五个方面着手，设计有效激励机制，促进员工主动工作行为。

第一，转变领导观念，塑造授权型领导风格。

有效的领导行为是促进员工主动工作行为的关键。然而实施什么样的管理风格才能切实激励员工、促进主动工作行为，一直困扰着众多组织管理者。本研究结果表明，在中国组织情境下，实施授权型领导风格是一个促进多种主动工作行为的有效手段。组织管理者应当充分意识到，传统的家长式管理模式已经不能够满足现代组织的管理需要。为了在瞬息万变的竞争中得以生存和发展，组织需要凝聚全体员工的力量，充分调动员工的"主人翁"精神，激励员工主动工作。而想要实现这一目标，就需要组织各级管理者转变领导观念，努力避免"一言堂"式、"凌驾"式管理方式，有意识地赋予下属更多话语权和自主决策权力，通过调动员工的主观能动性，激发员工的主动工作行为。具体而言，组织管理者可以从鼓励员工参与决策、指导和培养员工自主工作能力、加强信息共享与交流以及给予员工人文关怀这四个方面构建领导授权机制，通过培养和提高各级领导的授权意识与能力，激励员工表现出更多主动工作行为。

第二，注重提升员工心理授权体验，增强授权有效性。

研究表明，心理授权是员工主动工作行为的重要内源性动机，领导的授权行为是否可以有效促进员工主动工作行为，与员工的心理授权体验息息相关。如果员工没有切实感受到自己被授权，那么再多的领导授权行为和措施都会形同虚设。因此，想要成功促进员工主动工作行为，组织管理者首先需要关注员工对授权的心理认知，并且有意识地采取一系列管理办法，提升员工的心理授权体验，以确保"授权型领导——员工心理授权——员工主动工作行为"的联动机制渠道畅通，提高领导授权的有效性。组织管理者可以从自我效能感、工作影响力、工作意义和工作自主性四个方面着手构建促进员工心理授权的激励机制，例如通过向员工解释工作的意义与价值、表达对员工工作能力的信心、听取员工的意见并认真给予反馈等方式，提高员工的心理授权体验。

第三，与下属构建良好信任关系，增强员工风险承担意愿。

调查显示，下属对领导信任在授权型领导与风险性较强的主动工作行为间会起到中介作用。这提示管理者，对具有一定风险的主动工作行为而言，仅仅重视提升员工心理授权并不足够，想要将授权型领导风格有效转化为更高水平的员工主动工作行为，还应重视下属对领导的信任。为了增强员工在工作中的风险承担意愿，激发员工勇于探索、敢于创新的精神，管理者需要致力于构建良好的上下级关系，努力赢得下属信任。想要达成这一目的，领导需要在管理实践中力求做到公平公正、正直诚信，并给予不同岗位的员工相应的尊重、认可和支持。

第四，重视员工特质性调节焦点对不同主动工作行为的影响差异。

本研究关于员工调节焦点与主动工作行为关系的研究结论凸显了调节焦点对主动工作行为的重要影响，对企业有很好的借鉴意义。研究显示，促进型调节焦点可以有效促进多种主动工作行为，而防御型调节焦点可以有效促进以避免消极结果为目的的主动工作行为，这意味着，一方面，组织管理者可以根据员工的调节焦点因人制宜，更有针对性地分配和指派工作，以提高员工与工作任务的匹配程度，实现工作效能最优化；另一方面，领导可以更加有的放矢地选择和制定主动工作行为激励措施与机制，引导员工表现出更多组织希望看到的主动工作行为：例如，倘若领导希望下属能够更加积极地参与到广泛的主动工作行为之中，特别是促进性建言行为和创新行为，那么领导就应有意识地鼓励员工采取促进型调节焦点策略开展工作；如果领导希望提高员工的工作责任心和防范意识，希望员工尤为积极地去避免和预防工作事故、损失的发生，就应当加强对员工防御型调节焦点的培养。

第五，构建主动工作行为的双层激励机制。

本研究揭示了团队层次上的授权型领导风格与团队授权会对个体层次上的员工心理授权和员工主动工作行为产生跨层次正向影响。这提示管理者，想要更加充分地调动员工的主动工作意愿，促进员工的主动工作行为，不仅应当关注如何有效激励员工个人，亦需重视如何提升团队整体上的授权氛围。团队共享的授权型领导风格和授权感知会通过团队过程，对每一个团队成员产生潜移默化的影响，充分利用这一影响有助于进一步增进授权型领导风格向员工主动工作行为的转化。因此，在探索和制定主动工作行为激励机制的过程中，不能仅局限在员工层面，还需将团队因素纳入考虑，形成更具系统性和层次性的激励体系，打通激励员工主动工作行为的跨层次路径，从而构建出更加健全、高效的主动工作行为激励机制。

第三节　研究的局限性及展望

本研究虽然在理论推导和实证设计上力求保证科学严谨，但由于各种主客观因素的限制，仍然存在一些局限性，希望在未来的研究中加以改进。具体表现在以下几个方面。

第一，本书提出的跨层次研究模型的局限及展望。在探索性研究、文献综述和理论分析的基础上，本研究提出了授权型领导影响主动工作行为的跨层次模型，试图揭开授权型领导对主动工作行为深层影响机制的"黑箱"。尽管本研究获得了一些有价值的积极结果，但并没有完成弄清研究变量在两个层次上的复杂交互关系。例如，团队层次上的变量是否会对员工层次上的变量关系产生调节作用？员工层次上的变量是否也会对团队层次上的变量施加影响？团队层次上的团队主动工作行为与员工层次上的员工主动工作行为在影响因素和产生机制上又有怎样的区别？等等问题还有待进一步的挖掘和探索，这是后续研究可以关注的一个方向。此外，本书在探索性研究的基础上构建研究模型，根据深度访谈成果，仅就授权型领导、心理授权、下属对领导信任、团队授权和调节焦点对四种主动工作行为的影响进行了分析，因此在未来的研究中可以考虑探索其他前因变量、中介变量和调节变量在员工及团队层次上的不同作用机理，例如真实型领导、服务型领导等其他积极领导风格的潜在作用；或者从主动工作行为类型的角度入手，识别和比较其他主动工作行为在产生机制上的异同，以期拓展对主动工作行为研究领域的现有认知，构建更加系统、完善且解释力更强的理论模型。

第二，样本选择上的局限及展望。受到研究条件的限制，本书在进行抽样调查时，均是通过与相熟企业的事先协商，经同意后再行发放问卷的方式进行。研究中的样本来自湖北、北京和福建三地的相关企业，且以湖北企业为主，因此在样本的随机性和地域覆盖广度上存在一定局限。同时，样本来源主要为民营企业，员工的年龄和教育程度分布也不够均衡，这些都可能影响到实证分析结果的代表性。因此，在后续的研究中，可以进一步扩大样本的覆盖范围，增强样本的多样性，特别是选择不同的行业或地区进行研究，以验证本书结论在不同地区、行业中的普适性。

第三，数据获取方法上的局限性及展望。本研究最初设计了两种问卷，一种是员工自评问卷，一种是团队领导对下属及团队状况的评价问卷。但由于团队领导问卷的回收情况不太理想，故最终仅采用员工自评问卷进行研究，所以本研究中的全部数据均来自员工的自陈报告，这使得共同方法偏差和社会赞许性偏差的影响难以完全消除。为了尽可能降低同源方差的影响，本书根据 Podsakoff 及其同事（2003）的建议，在问卷的设计过程中采取了多种措施，例如调整题项的分布顺序、在答案设计中采取不同的答案等级和语义描述、保证被调查者的信息保密性等。在以后的研究中，可以通过设计更加有效的问卷收集程序，将员工自我评价与领导评价、同事评价相结合，或是在不同时间段测量不同的研究变量等方法，尽可能地消除共同方法偏差和社会赞许性偏差的影响。

第四，采用横截面研究方法的局限性及展望。由于研究时间、成本上的限制，本研究采用横截面研究方法进行分析。横截面数据虽然可以很好地揭示研究变量间的相互关系，但却难以体现研究变量间的因果关联，因此相较于纵向研究，其解释力相对较弱。为了获得关于主动工作行为产生机制和作用路径的更加清晰、深入的认识，以后的研究可以考虑采取纵向研究的方法设计研究方案，对测量变量间的动态过程进行跟踪和检验。

第五，基于本书研究结论的后续研究展望。本研究通过分析授权型领导对四种主动工作行为的影响及其作用机制，得到了一些有价值的研究结论，值得进一步探讨。首先，本研究发现，授权型领导、促进型调节焦点对本研究涉及的四种主动工作行为均存在显著促进作用。这种正向影响是否在更多的主动工作行为，甚至更加广义的主动行为中具有普遍性，需要进一步的验证。其次，本研究发现，促进型调节焦点和防御型调节焦点对主动工作行为的影响存在差异，从这一角度来看，主动工作行为是否可以从追求积极结果和规避消极结果两个方面来进行进一步的划分，值得继续讨论。最后，本研究仅从特质性调节焦点的角度讨论了调节焦点与员工主动工作行为间的关系。情境性的调节焦点是否会产生相同影响？特质性调节焦点与情境性调节焦点的交互作用，特别是当特质性调节焦点与情境性调节焦点存在冲突时的交互作用，会对主动工作行为产生怎样的影响？也是后续研究可以关注的方向。

参考文献

一、 著 作

1.中文期刊

[1] 班杜拉.思想和行动的社会基础：社会认知论[M].林颖.等译.上海：华东师范大学出版社，2001.

[2] 卢纹岱.SPSS for Windows统计分析[M].北京：电子工业出版社，2002.

[3] 马庆国.管理统计：数据获取、统计原理、SPSS工具与应用研究[M].北京：科学出版社，2002.

[4] 侯杰泰，温忠麟，成子娟.结构方程模型及其应用[M].北京：科学教育出版社，2004.

[5] 黄芳铭.结构方程模式：理论与应用[M].北京：中国税务出版社，2005.

[6] 杨国枢，文崇一，吴聪贤，等.社会及行为科学研究法[M].重庆：重庆大学出版社，2006.

[7] 陈晓萍，徐淑英，樊景立.组织与管理研究的实证方法[M].北京：北京大学出版社，2008.

[8] 廖卉，庄媛嘉.多层次理论模型的建立及研究方法[M]//陈晓萍，徐淑英，樊景立编.组织与管理研究的实证方法.北京：北京大学出版社，2008.

[9] 风笑天.社会学研究方法[M].北京：中国人民大学出版社，2009.

[10] 吴明隆.问卷统计分析实务[M].重庆：重庆大学出版社，2010.

[11] 吴明隆.结构方程模型：AMOS的操作与影响[M].2版.重庆：重庆大学出版社，2010.

[12] 荣泰生.企业研究方法[M].4版.台北：五南图书出版有限公司，2011.

2.外文著作

[1] Aiken, L. S. West, S. G.. *Multiple regression : testing and interpreting interactions*[M]. CA: Sage Publications,1991.

[2] Sabel, C. F.. *Studied trust: Building new forms of cooperation in a volatile economy*[M]// In R. Swedberg (Ed.). *Explorations in Economic Society*. New York: Russell Sage Foundation, 1993.

二、 期 刊

[1] 温忠麟，张雷，侯杰泰，等.中介效应检验程序及其应用[J].心理学报，2004(05)：614－620.

[2] 周浩，龙立荣.共同方法偏差的统计检验与控制方法[J].心理科学进展，2004(06)：942－950.

[3] 李超平，李晓轩，时勘，等.授权的测量及其与员工工作态度的关系[J].心理学报，2006(01)：99－106.

[4] 温忠麟，张雷,侯杰泰.有中介的调节变量和有调节的中介变量[J].心理学报，2006(03)：448－452.

[5] 杨建锋，王重鸣.类内相关系数的原理及其应用[J].心理科学，2008(02)：434－437.

[6] 王辉，武朝艳，张燕，等.领导授权赋能行为的维度确认与测量[J].心理学报，2008，40(12)：1297－1305.

[7] 韦慧民，龙立荣.主管认知信任和情感信任对员工行为及绩效的影响[J].心理学报，2009，41(01)：86－94.

[8] 王永丽，邓静怡，任荣伟.授权型领导、团队沟通对团队绩效的影响[J].管理世界，2009(04)：119－127.

[9] 佟丽君，吕娜.组织公正、心理授权与员工进谏行为的关系研究[J].心理科学，2009，32(05)：1067－1069+1066.

[10] 刘云，石金涛.组织创新气氛与激励偏好对员工创新行为的交互效应研究[J].管理世界，2009，(10)：88－101+114+188.

[11] 王国猛，郑全全，黎建新，等.团队心理授权、组织公民行为与团队主动性关系的实证研究[J].科学学与科学技术管理，2010，31(01)：157－161.

[12] 陈浩.心理授权与组织认同的关系研究[J].经济纵横，2010(07)：119－122.

[13] 李磊，尚玉钒，席酉民.基于调节焦点理论的领导对下属影响机制研究[J].外国经济与管理，2010，32(07)：49－56.

[14] 史青，龚海涛.特质性调节焦点对变革型领导行为有效性的调节效应研究[J].统计与决策，2010(16)：181－183.

[15] 韦慧民，龙立荣.认知与情感信任、权力距离感和制度控制对领导授权行为的影响研究[J].管理工程学报，2011，25(01)：10－17.

[16] 方杰，邱皓政，张敏强.基于多层结构方程模型的情境效应分析：兼与多层线性模型比较[J].心理科学进展，2011，19(02)：284－292.

[17] 张桂平，廖建桥.国外员工主动行为研究新进展探析[J].外国经济与管理，2011，33(03)：58－65.

[18] 冯彩玲，张丽华.变革型领导、交易型领导、信任和工作绩效的关系：以基层公务员为例[J].兰州学刊，2011(03)：46－50.

[19] 李超平，鲍春梅.社会交换视角下的组织沉默形成机制：信任的中介作用[J].管理学报，2011，8(05)：676－682.

[20] 李燕萍，涂乙冬.与领导关系好就能获得职业成功吗？一项调节的中介效应研究[J].心理学报，2011，43(08)：941－952.

[21] 韩翼，杨百寅.真实型领导、心理资本与员工创新行为：领导成员交换的调节作用[J].管理世界，2011(12)：78-86+188.

[22] 吴维库，王未，刘军，等.辱虐管理、心理安全感知与员工建言[J].管理学报，2012，9(01)：57－63.

[23] 王国猛，郑全全，赵曙明.团队心理授权的维度结构与测量研究[J].南开管理评论，2012，15(02)：48－58.

[24] 韦慧民，潘清泉.复杂环境下员工主动性行为及其驱动研究[J].企业经济，2012，31(03)：94－97.

[25] 郭玮，李燕萍，杜旌，等.多层次导向的真实型领导对员工与团队创新的影响机制研究[J].南开管理评论，2012，15(03)：51－60.

[26] 周浩，龙立荣.变革型领导对下属进谏行为的影响：组织心理所有权与传统性的作用[J].心理学报，2012，44(03)：388－399.

[27] 王顺江，陈荣，郑小平.心理授权对员工满意、忠诚和绩效影响的实证分析[J].系统工程，2012，30(05)：61－67.

[28] 刘云.前瞻性人格对员工变革行为的影响：组织公平气氛的调节效应[J].会计与经济研究，2012，26(06)：85－94.

[29] 曹威麟，谭敏，梁樑.自我领导与个体创新行为：一般自我效能感的中介作用[J].科学学研究，2012，30(07)：1110－1118.

[30] 厉明.组织创新氛围对员工创新行为的影响机制研究[J].暨南学报(哲学社会科学版)，2013，35(05)：62－70.

[31] 姚艳虹，韩树强.组织公平与人格特质对员工创新行为的交互影响研究[J].管理学报，2013，10(05)：700－707.

[32] 向常春，龙立荣.参与型领导与员工建言：积极印象管理动机的中介作用[J].管理评论，2013，25(07)：156－166.

[33] 叶宝娟，温忠麟.有中介的调节模型检验方法：甄别和整合[J].心理学报，2013，45(09)：1050－1060.

[34] 国维潇，王端旭.授权型领导对知识团队绩效的影响机理研究[J].软科学，2014，28(01)：68－71.

[35] 林晓敏，林琳，王永丽，等.授权型领导与团队绩效：交互记忆系统的中介作用[J].管理评论，2014，26(01)：78－87.

[36] 谢俊，汪林.授权型领导、主管信任与知识型员工任务行为：基于问卷调查的实证研究[J].南方经济，2014，(01)：77－88.

[37] 卿涛，刘崇瑞.主动性人格与员工建言行为：领导－成员交换与中庸思维的作用[J].四川大学学报(哲学社会科学版)，2014，(01)：127－134.

[38] 李燚，黄蓉.研发人员心理授权与创新绩效：内在工作动机与控制点的作用研究[J].华东经济管理，2014,28(02)：116－120.

[39] 张华，孙春玲，安珣，等.授权氛围、心理授权与知识员工主动性的关系研究[J].预测，2014，33(03)：69－74.

[40] 温忠麟，叶宝娟.有调节的中介模型检验方法：竞争还是替补？[J].心理学报，2014，46(05)：714－726.

[41] 王宁，赵西萍，周密，等.领导风格、自我效能感对个体反馈寻求的影响研究[J].软科学，2014，28(05)：37－42.

[42] 田在兰，黄培伦.基于自我认知理论的家长式领导对建言的影响[J].科研管理，2014，35(10)：150－160.

[43] 黄勇，彭纪生.组织内信任对员工负责行为的影响：角色宽度自我效能感的中介作用[J].软科学，2015，29(01)：74－77.

[44] 苏磊.服务型企业员工主动行为的类型识别与验证[J].中国人力资源开发，2015(01)：57－66.

[45] 马贵梅，樊耘，阎亮.基于多对象视角主管支持影响下属建言行为的机制[J].经济问题，2015(03)：8－12.

[46] 杨春江，蔡迎春，侯红旭.心理授权与工作嵌入视角下的变革型领导对下属组织公民行为的影响研究[J].管理学报，2015，12(02)：231－239.

[47] 李绍龙，龙立荣，朱其权.同心求变：参与型领导对员工主动变革行为的影响机制研究[J].预测，2015，34(03)：1－7.

[48] 陈晨，时勘，陆佳芳.变革型领导与创新行为：一个被调节的中介作用模型[J].管理科学，2015，28(04)：11－22.

[49] 刘德秀，秦远好，徐姿.基于心理授权的主题公园酒店员工忠诚度研究[J].西南大学学报(自然科学版)，2015，37(10)：145－151.

[50] 孙春玲，张梦晓，安珣.维度分化视角下变革型领导对心理授权的激励作用研究[J].中国软科学，2015(10)：166－176.

[51] 逄键涛，温珂.主动性人格、工作满意度与员工创新行为：对中国医药生物技术企业的实证分析[J].科学学研究，2016，34(01)：151－160.

[52] 张京.变革型领导与员工绩效的跨层次研究[D].中国地质大学博士学位论文，2013.

附录A　员工主动工作行为访谈提纲

尊敬的先生、女士：

您好！非常感谢您能接受我的访谈。本访谈主要是探讨如何有效促进员工主动工作行为，希望通过您了解一下当前组织中的员工主动工作行为现状，以及您对如何促进员工主动工作行为的看法。本次访谈仅用于学术研究，内容严格保密，敬请真实反映您的基本态度和看法。对您的配合深表感谢！

1. 首先请您介绍一下个人基本情况，包括年龄、教育程度、工作年限等。

2. 请介绍一下所在组织相关情况，包括组织性质、行业、地区、所在部门的基本情况、你的职务等。

3. 向被访者介绍主动工作行为的概念，解释四种主动工作行为的内涵并适当举例。请被访者详细描述一次或多次成功实现主动工作行为的经历，可以是自己的，也可以是同事的，尽可能描述不同类型的主动工作行为。

4. 您或者您的同事是否有过想要实现某项主动工作行为，但最终没有成功的经历？您能否详细描述一下？

5. 您采取/不采取主动工作行为的原因有哪些？

6. 您觉得领导对员工的主动工作行为有影响吗？从您个人的经历来看，您认为什么样的领导有助于促进员工的主动工作行为？

7. 如果领导鼓励员工主动工作，您会积极开展主动工作行为吗？为什么？

8. 您觉得，我们还可以采取哪些措施来激发员工主动工作行为？

附录B　授权型领导对员工主动工作行为影响正式问卷

尊敬的先生、女士：

您好！真诚地感谢您能花时间和精力填答这份问卷。本调研是一项管理理论研究的组成部分，目的是了解个体在组织中主动工作行为的影响因素。您的回答对本研究结果将会产生重要的影响。问卷不涉及商业秘密，也没有对错优劣之分，请根据您所在的工作小组（团队）以及您个人的实际情况如实回答。恳请不要漏答，这对问卷调查的有效性十分重要。本问卷采用匿名调查方式，严格遵行保密原则，其结果不会用于任何形式的个人评价，不会对个人及公司产生任何影响，仅供学术研究所用。对于您的支持和帮助，我们深表感谢！

填答前请先阅读指导语

1. 本调查采用**匿名方式**，保证您的个人信息不会泄露。本人郑重承诺：相关数据、信息将严格保密，仅用于科学研究，不会对您和贵团队造成任何不良影响，恳请您填写真实信息。

2. 请您在最符合您想法的选项上打"√"。

请尽量避免居中答案，恳请不要漏答。请注意所有题目均为**单项选择**。

第一部分　背景信息

（您的个人资料仅供学术分析之用，绝对保密，请放心填写）

您的团队编码：＿＿＿＿＿＿＿＿＿＿＿＿　　　　　性　别：□男　　□女

年　　龄：□ 20 岁及以下 □ 21 ～ 30 岁 □ 31 ～ 40 岁 □ 41 ～ 50 岁 □ 51 岁及以上

最高学历：□大专及以下　□本科　□硕士　□博士及以上

您在贵公司的工作年限：□ 1 年以下　□ 1 ～ 5 年　□ 6 ～ 10 年　□ 10 年以上

团队规模：□ 5 人及以下　□ 6 ～ 10 人　□ 11 ～ 15 人　□ 16 人及以上

您的岗位：□管理　□技术　□生产　□营销　□财务　□客服　□劳务派遣
　　　　　□其他（请说明＿＿＿＿＿＿＿＿）

第二部分 与工作内容有关的调查

说明：请根据您的实际感受对以下描述进行评价。

1.请根据您本人在工作中的实际情况，选择下列行为发生的频率，并在选项相应数字上打"√"。（本题为单选题）	从不	很少	有时	常常	很频繁
MV1我提出了可以改善单位运作质量的建设性建议	1	2	3	4	5
MV2 我会主动提出帮助单位达成目标的有益建议	1	2	3	4	5
MV3 我就改善单位工作程序积极地提出了建议	1	2	3	4	5
MV4 对可能影响本单位的问题，我会主动思考并提出自己的建议	1	2	3	4	5
MV5 我主动提出了会使团队受益的新方案	1	2	3	4	5
HV1 我会劝阻团队内其他员工影响工作效率的不良行为	1	2	3	4	5
HV2对可能会造成单位损失的严重问题，我实话实说，即使其他人有不同意见	1	2	3	4	5
HV3 我敢于对单位中影响工作效率的不良现象发表意见，即使这可能使人难堪	1	2	3	4	5
HV4 当单位内出现问题时，我敢于指出，不怕得罪人	1	2	3	4	5
HV5我积极向领导反映工作场所中出现的不当问题	1	2	3	4	5
II1 在工作中，我会产生一些具有创意的点子或想法	1	2	3	4	5
II2 我会积极地制定适当的计划和规划来落实我的创新性构想	1	2	3	4	5
II3 为了实现我的构想和创意，我会想办法争取所需要的资源	1	2	3	4	5
II4 我会向同事或领导推销自己的新想法，以获得支持与认可	1	2	3	4	5
II5为了实现同事的创新性构思，我会献计献策	1	2	3	4	5
PP1当工作出现问题和差错时，我会努力寻找错误产生的本质原因	1	2	3	4	5
PP2我会花时间考虑和设法避免再一次发生同样问题	1	2	3	4	5
PP3针对问题，我会尝试开发能够在将来见效的方法，即使在初期，我的工作效率会下降	1	2	3	4	5

2.请根据您对本团队直接主管的了解，选择您对下列各项陈述的同意程度，并在选项相应数字上打"√"。（本题为单选题）	完全不同意	基本不同意	有点不同意	不能确定	有点同意	基本同意	完全同意
EL1.1我的主管鼓励我们表达自己的想法和建议	1	2	3	4	5	6	7
EL1.2我的主管会给每个团队成员表达自己意见的机会	1	2	3	4	5	6	7
EL1.3我的主管即使不赞同我们的观点，也会认真考虑我们提出的建议和想法	1	2	3	4	5	6	7
EL1.4我的主管在做决策时愿意采纳我们的意见	1	2	3	4	5	6	7
EL2.1我的主管会向我们建议改善工作表现的方法	1	2	3	4	5	6	7
EL2.2我的主管注重培养我们自主解决问题的能力	1	2	3	4	5	6	7
EL2.3我的主管会给我们提供必要的帮助	1	2	3	4	5	6	7
EL2.4我的主管鼓励我们彼此沟通和交流信息	1	2	3	4	5	6	7
EL2.5我的主管非常支持我们的努力	1	2	3	4	5	6	7
EL3.1我的主管会向我们解释组织的决策	1	2	3	4	5	6	7
EL3.2我的主管会告知我们组织的规章制度和对我们的要求	1	2	3	4	5	6	7
EL3.3我的主管会设法让我们了解组织政策的目的所在	1	2	3	4	5	6	7
EL3.4我的主管会向我们解释他/她的决定和行为	1	2	3	4	5	6	7
EL4.1我的主管关心我们的个人生活	1	2	3	4	5	6	7
EL4.2我的主管对所有下属一视同仁	1	2	3	4	5	6	7
EL4.3我的主管会诚实、公正地解答我们的问题	1	2	3	4	5	6	7
EL4.4我的主管会花时间耐心地和我们一起讨论我们所关心的问题	1	2	3	4	5	6	7

3.请根据您本人对直接主管的真实感受，选择您对下列各项陈述的同意程度，并在选项相应数字上打"√"。（本题为单选题）	完全不同意	基本不同意	有点不同意	不能确定	有点同意	基本同意	完全同意
LT1 我相信我的主管总会公平公正地对待我	1	2	3	4	5	6	7
LT2我的主管不会用欺骗下属的手段去获取好处	1	2	3	4	5	6	7
LT3我完全相信我的主管是个正直和诚实的人	1	2	3	4	5	6	7
LT4 在任何危机时刻，我都会支持我的主管	1	2	3	4	5	6	7
LT5 我对我的主管有着很高的忠诚度	1	2	3	4	5	6	7

4.请根据您本人在工作中的真实感受，选择您对下列各项陈述的同意程度，并在选项相应数字上打"√"。（本题为单选题）	完全不同意	基本不同意	有点不同意	不能确定	有点同意	基本同意	完全同意
M1我的工作对我来说非常重要	1	2	3	4	5	6	7
C1我对自己完成工作的能力非常有信心	1	2	3	4	5	6	7
S1在决定如何完成我的工作上，我有很大的自主权	1	2	3	4	5	6	7
I1 我对发生在本团队中的事情有显著影响	1	2	3	4	5	6	7
M2我的工作对我来说非常有意义	1	2	3	4	5	6	7
C2我自信有能力干好工作上的各项事情	1	2	3	4	5	6	7
S2我自己可以决定如何着手做我的工作	1	2	3	4	5	6	7
I2 我对发生在本团队的事情起着很大的控制作用	1	2	3	4	5	6	7
M3工作上所作的事对我个人来说非常有意义	1	2	3	4	5	6	7
C3我掌握了完成工作所必要的各项技能	1	2	3	4	5	6	7
S3我有很大的机会独立和自由地决定如何开展工作	1	2	3	4	5	6	7
I3 在有关本团队的事情上，我的影响力很大	1	2	3	4	5	6	7

5.请根据您本人的真实想法，选择您对下列各项陈述的同意程度，并在选项相应数字上打"√"。（本题为单选题）	完全不同意	基本不同意	有点不同意	不能确定	有点同意	基本同意	完全同意
PO1总的来说，我更加注重如何能够获得好的结果，而不是如何避免坏的结果	1	2	3	4	5	6	7
PE1总的来说，我总是注意预防不好的事件发生，而较少考虑如何能争取成功	1	2	3	4	5	6	7
PO2我力求实现的主要目标是达成我的期望、理想和抱负	1	2	3	4	5	6	7
PE2我力求实现的主要目标是履行我的职责、责任和义务	1	2	3	4	5	6	7
PO3我经常思考，我如何能获得成功	1	2	3	4	5	6	7
PE3比较而言，我更加注重预防损失，而较少考虑追求得到更多的收益	1	2	3	4	5	6	7
PO4我会集中精力在我希望以后能获得成功的事情上	1	2	3	4	5	6	7
PE4总的来说，我更加关注如何能避免失败，而不是如何能获取成功	1	2	3	4	5	6	7
PO5我经常深入地思考，如何能够实现自己的愿望与抱负	1	2	3	4	5	6	7
PE5我经常深入地思考，如何才能避免工作上的失败，而不是如何能获取成功	1	2	3	4	5	6	7

6.请根据您对本团队的了解，选择您对下列各项陈述的同意程度，并在选项相应数字上打"√"。（本题为单选题）	完全不同意	基本不同意	有点不同意	不能确定	有点同意	基本同意	完全同意
P1我们团队具有很强的自信心	1	2	3	4	5	6	7
P2只要努力，我们团队就能完成很多有挑战性的任务	1	2	3	4	5	6	7
P3我们团队的生产（或服务）效率很高	1	2	3	4	5	6	7
M1我们团队所从事的工作非常重要	1	2	3	4	5	6	7
M2我们团队所承担的工作任务非常有价值	1	2	3	4	5	6	7
M3我们团队所从事的工作非常有意义	1	2	3	4	5	6	7
A1我们团队可以自主选择不同的方式来完成工作	1	2	3	4	5	6	7
A2在如何完成工作任务上，我们团队能够自主决定	1	2	3	4	5	6	7
A3我们团队能够在没有上级具体指示的情况下，自己做决定	1	2	3	4	5	6	7
I1我们团队的工作对公司的业绩影响很大	1	2	3	4	5	6	7
I2我们团队所从事的工作任务对公司而言很重要	1	2	3	4	5	6	7
I3我们团队在公司中起着很大的作用	1	2	3	4	5	6	7

问卷到此结束，感谢您在百忙之中抽空填写该问卷！